読み聞かせは魔法！

吉田 新一郎 著

明治図書

まえがき

読み聞かせは、かなり広範に行われています。各家庭で親や祖父母が子どもに読む形で、学校で教師や保護者を中心にした読み聞かせボランティアによって、そして公立図書館等で司書によって。読書活動といえば、読み聞かせ以外には考えられない、という勢いすら感じられます。

とてもいいことなのですが、「それだけでいいのかな?」という思いをもっていた私は、次の一節に約一五年前に出合いました。

「以前の私は、子どもたちが分かりそうな本を上手に読み聞かせさえされれば、理解できるものだと思っていました。しかし、それは事実とはかけ離れたものであり、教師（読み聞かせする者）の希望的観測に過ぎないと分かりました。読み聞かせの途中、子どもたちが話したいことが沢山あるだろうと思った箇所で一旦中断しても、何も話すことのない子たちがいることに気づいたのです。

読み聞かせをされた本に反応するためには、まずしっかり聞いて、心の中にその話の世界を思い浮かべることが必要です。しかしながら、読み聞かせを聞いても（あるいは自分で読んでも)、心の中に何の情景も浮かばない子たちもいるのです。」

(『リーディング・ワークショップ』ルーシー・カルキンズ、新評論、一四四ページ)

読み聞かせを結構数多くしている人なら、右に書かれていることと似たような経験はもっているのではないでしょうか? 実際、読み聞かせを熱心にしている人たちから、「せっかく読んでも、理解していない子たちが増えている」という声を聞くことも少なくありません。

それでは、いったいどうしたらいいのでしょうか?

読み聞かせをする際は、読んだ本を好きになったり、考えたり、理解したりしてほしくて読んでいます。そして、それらを達成するための効果的手段として読み聞かせという方法があるので、それをしているわけです。間違っても、読み聞かせが目的で、本を好きになったり、本について考えたり、書いてある内容を理解することは「オマケ」ではありません。

もし、本を好きになったり、本について考えたり、書いてある内容について理解することこそが目的で、そのためのよい方法に興味のある方は、このまま読み進んでいただきたいです。

第一章　読み聞かせ

～日本と欧米の違いと「読み聞かせ」をグレードアップする方法

第二章　対話読み聞かせ
～読み手と聞き手が双方向の話し合いをしながら読み進めよう

第三章　考え聞かせ
～読み手の頭の中で起こっていることを声に出して紹介しよう

第四章 いっしょ読み
～読み手と聞き手が一緒に読む「いっしょ読み」成功の秘訣

第一章　読み聞かせ

〜日本と欧米の違いと「読み聞かせ」をグレードアップする方法

『クシュラの奇跡』（ドロシー・バトラー著、のら書店、一九八四年）や『読み聞かせこの素晴らしい世界』（ジム・トレリース著、高文研、一九八七年）などがすでに翻訳出版されているので、だいぶ前から西洋でも読み聞かせが広く普及していることを知っている人は少なくありません。どの文献かは忘れましたが、西欧で読み聞かせが始まったのは、ギリシャ・ローマ時代にまで遡ると書いてあったのを記憶しています。出版技術がまだ開発されていなかったわけですから、中世以前の読みのシーンは、誰かが読み聞かせをする以外に方法はなかった気はします。

そしてその効果についての解釈も、洋の東西を問わず、ほぼ一致しています。アメリカでベストセラーとなっている『読み聞かせハンドブック（The Read-Aloud Handbook(1)）』を著したトレリースは、読み聞かせは子どもの興味、情緒的発達、想像力、言語能力を刺激するとし、人間の声は、親が子どもの精神状態を落ち着かせるための最も強力なツール（道具）であるとしています(2)。

読み聞かせに関しては、ほぼいいこと尽くめの状態が続いています。だからこそ、これだけ普及もしているのでしょう。しかし、日本と欧米では、その目的や方法についてかなり大きな（?・）認識や捉え方の違いもあります。

目的(3)の設定の仕方が違うと、当然のことながら実際に得られるものも、そのやり方（方法）も違ったものになります。目的があいまいだと、方法の目的化という事態さえ起こしかねません。それほど、目的と方法は鵜呑みにせずに、常に吟味し続けること（と同時に、常に発展させ続けること！）が大切です。

それでは、その目的や方法の再確認からスタートしましょう。

一 日本で理解されている読み聞かせの目的

①聞く力を育てる。

②言葉から想像する力を育てる。

③文章の理解力を育てる。＝「考える力」と言い換えてもいいかもしれません(4)。
④本に対する興味を育てる。＝読書への一番の近道／読書が好きになる。
⑤読み手と聞き手の交流／コミュニケーション(5)。
⑥語彙を豊富にする。
⑦思いやりの心が身につく＝別な言い方をすると、「心の成長や精神的な安定が得られる。生涯にわたる宝物」など。
⑧集中力がつく。
⑨たくさんの知識（や間接的な体験）を得られる＝学力向上に役立つ、という研究結果も！（単に、国語だけでなく、ほとんどの教科で）

すべて、網羅できているでしょうか。何か、加えたいものは思いつきますか？　もしありましたら、ぜひ吉田（pro.workshop@gmail.com）に教えてください。

一つだけ、コメントをつけます。五番目の「読み手と聞き手の交流／コミュニケーション」についてです。これを否定する人はいないと思いますが、もしこれが目的なら、読むだけで終わらずに、読み手と聞き手との話し合いがあった方がいいとは思いませんか？

また、これに関連して「本が中心。読み手は、あくまでも媒体。主役であってはならない」というような捉え方を、読み聞かせ関連の文献を読んでいると目にすることが少なくありません。しかし、これには賛成しかねます。気分的には、聞き手こそを主役に据えたいところです。つまり、本も、読み手も、主役である聞き手をサポートするという位置づけです。あるいは、前者二つは、一人ひとりの聞き手が「自立した読み手」になってもらうための手段として捉えたいぐらいです。

しかし、これに関しては、「読み聞かせの7変数」という情報を見て、私自身の考えを見直しました。それは、次ページの図で表されています。

左上の図1を、七つの変数と捉えるか否かには疑問があります。絵本と親（ないし教師）と子どもの三者しか変数はないと捉えた方がスッキリするのではないかと思うからです。これは、左下の図2と似ています（というか、同じと捉えられます）。

この図は、授業（教師からすれば指導、子どもからすれば勉強）を構成している三要素を表しています。そして、いい学習が行われるためには、教師と生徒と学習内容の三者のバランスが取れていることが条件だと書いてあります。しかも、正三角形の関係で。いずれか一つないし二つが突出しているだけでは、いい学びは成立しないというのです。読み聞かせも同じだと思えるのですが、いかがでしょうか(6)？

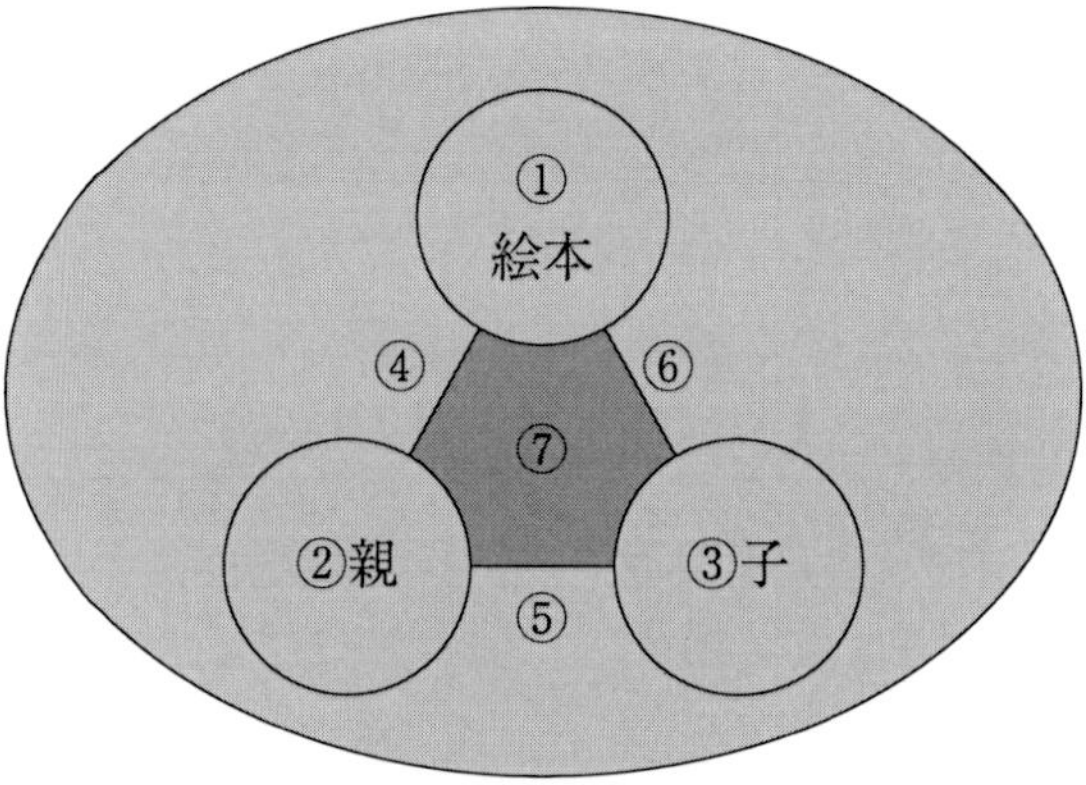

図１　読み聞かせの７変数

（出典：http://www.p.u-tokyo.ac.jp/lab/ichikawa/johoka/2008/Group3/yomikikase_eikyou5.html）

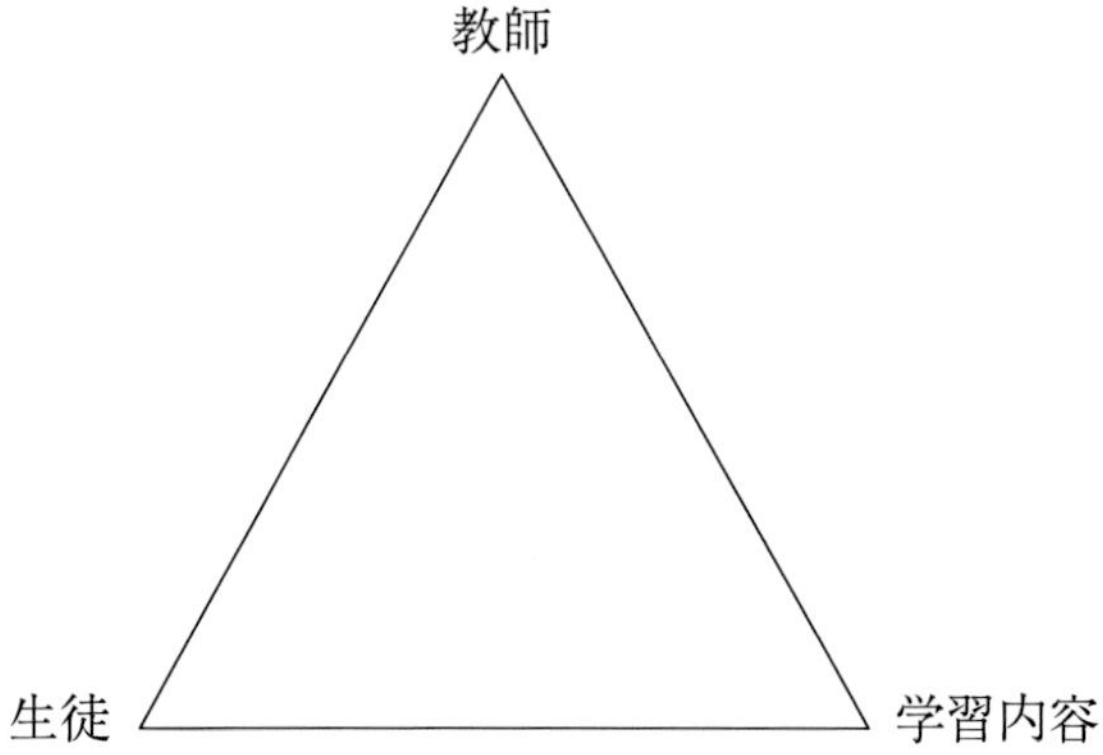

図２　学習の三角形（上手な指導）

（出典：『ようこそ、一人ひとりをいかす教室へ』の60ページ）

二　欧米で理解されている読み聞かせの目的

日本で理解されている目的（ないし効果）と共通する部分は、あえて紹介しません。違いのみをクローズアップして取り上げます。なお、同じ（ないし、似た）項目でも、その中身が違う場合は、リストに含めました(7)。

そのリストを紹介する前に、日本の読み聞かせの目的（効果）が就学前の幼児を念頭に入れたものであるのに対して（詳しくは、二〇〜二一ページを参照）、こちらで紹介するものの対象は、幼稚園は含みますが、主には小学校の子どもという大きな違いがあることを指摘しておきます。対象が異なれば、自ずと達成したい目的（効果も、そして方法も）が違ってくるのは当然といえます。

(1) 読むこと関連

まず何よりも私が感心したのは、読み聞かせを「読み方を学ぶためのコマーシャル」と捉えていることでした。そのためには、読むことを学ぶのはどうしてか、という理由を生徒たちに提供する必要があります。表面的には見えないところまで探る面白さを体験させてあげることも大切です。読み手からの問いも投げかけるし、読み手が意味をつくり出しているプロセス(8)を見本として示すことも不可欠です。

書いてあることに熱中するとはどういうことか、読みながら、問題を解決したり、しっかり考えたり（理解したり）しながら、読むとはどういうことかを見本で示すのが読み聞かせ、と捉えられているのです。

それを実現するためには、従来の読み聞かせのように、読み手だけが一方的に話している状況ではなくなることも意味します。聞き手たちが協力し合って意味をつくり出す体験もしていく形に転換することが求められています。読み手が読んだ後の話し合いでは、読み手からの問いかけではなく、聞き手が気づいたことや抱いた疑問などが中心に話されることになります。

①スラスラ読めるようになるのを助ける。

～明瞭に、よく表現され、しかもスラスラと読まれる見本を繰り返し示せる。読み聞かせは、読み書き能力を培う際の基本と位置づけられる。特に小学校低学年までは、読むことに成功する際の最も重要な活動といっても過言ではない。読み聞かせによる収穫は極めて大きいものがあり、聞き手たちの興味を本に向け、そして強く読みたいと思わせる効果がある(9)。

②一人で読むよりも、高いレベルで読む／聞くことができる。

～読み聞かせは、自分では読まないような言葉やテーマの本を聞くことで理解することができるようになる。それ自体が、「一人読み(10)」への大事なステップになっている。

③自信がもてるようになる。

～読むのが苦手な子たちに自分の考えと同じか似ているものを見つけさせると同時に、成功体験を味わわせることができる。**↓日本で行われている読み聞かせでは、これは達成できているでしょうか？（ゴシック文字は筆者のコメント、以下同じ）**

④読みのコミュニティーを築くことができる。

～黙読は孤独な行為というイメージが強いのに対して、読み聞かせは共有できる体験を生み出す。**↓そのためにも、話し合いが大切！**

⑤理解のためのスキルを強化する。

～**↓ここも、日本の読み聞かせとの大きな捉え方の違いです。**子どもたちは多様な「理解のための方法」を主には（第三章で紹介する）「考え聞かせ」を通じて繰り返し教えられることになる。読む過程で、クリティカル・シンキング(11)や創造的な思考力も大事にされる。これらを実現するためには、読み手の事前の準備はもちろんのこと、読み聞かせを単体で捉えるのではなく、他の授業の要素との関連で位置づけることが必要になる。

⑥多様なジャンルや作者やテーマに出会わせることができる。自分の身の周りから世界や宇宙までを理解するのに必要な知識や考え方（概念）を知ることができる。その過程では、情報処理能力を磨き続けることになる。

〜多くの絵本や児童文学は、子どもたちが身につけておくべき多様な概念やテーマを扱っている。たとえば、自分自身について、友だちや家族との関係について、勇気について、偏見について、いじめについて、地域や人々や考えについて探究することについてなど。教師も、それらの本を読むこと／読み直すことで、学び直すことができる(12)。

以上は、読むことに限定した目的ないし効果でした。欧米で捉えられている読み聞かせの目的および効果は、それにとどまりません。書くことや話し合うことまで含まれます。

(2) 書くこと関連

①話し言葉と書き言葉を結びつける。

〜文字が物語や情報を提供するものであることを理解し、その内容について話し合いたい気持ちにする。

②書き言葉がどう機能するのかを理解する。

〜特に絵本は、そのための傑出した作品と言える。できるだけ切り詰めながら、内容のあることを表現するべく、よく吟味されているからである。普通に私たちが書いたり読んだりする文章と比べて、はるかに上のレベルである。

③文学的な要素の理解を助ける。

〜物語の体裁（どのように始まり、どのように展開し、どのように問題が起こり、そして解決され、また登場人物たちはどのように交わるのか、さらに背景などがどう使われるのかなど）や本の体裁への理解が得られる。

④自分が書けそうなアイディアを探し出す。

～読む力の向上のみでなく、書く力の向上につながる[13]。

(3) 話し合うこと関連

①価値ある話し合いを可能にする。その前提として、本について話し合うための共通の言語を身につけることができる。

～話し合いは、各人がつくり出す意味をさらに深く、広くするのに役立つ。見えなかった関連、言葉へのこだわり、思いもしなかったような疑問や質問など、一人で読んでいて（聞いていて）は出せないものに、話し合うことでたくさん出会うことができる。

②子どもが読み聞かせをする。

～**→これは、日本ではほとんど考えられないことかもしれません。しかし、何を目的に設定するか次第で、やることが自ずと変わる好例です。ビジョンが見えているかいないかで、つくり出す結果の違いは、とてつもなく大きいものになります**[14]。それは、教師などの大人ではなく、子どもがする読み聞かせである。子どもが教師等の代わりをすることが考えられるだけでなく、ペアや小グループで読み聞かせをすることも考えられる。（対象の人数が少ない分、当然、受けるプレッシャーも少ないので、より多くの子どもがやれることを意味する。）→教育活動の一環として読み聞かせを行うのであれば、子どもたちこそが読み聞かせをするということを、しっかり目標に設定して教師や大人が読み聞かせをスタートさせるのと、そのようなゴールを一切もたないままでやり続けるのでは、大きな違い[15]を生み出すと思います。少なくとも、なぜやっているのか／やらされているのかよく分からない音読よりは、得るものが多いとは思いませんか？

三　日本で理解されている読み聞かせの方法

絵本をプロモートするある本の中で、「ここでは主に学校の先生方に向けて」と限定したうえで、次の「絵本の読み聞かせの四原則」を紹介している箇所があります。

1. 絵本は楽しみとして子どもに与える。
2. 絵本は「大人が子どもに読んであげる本」である。
3. 絵本は繰り返し読んであげる。
4. 質問したり、感想を求めたりしない。読みっぱなしにする。

この原則は、著者自身が考えたものではありません。『絵本の与えかた』という福音館書店が無料で出している冊子の一二ページからの引用です。しかも、「原則」ではなく、その冊子には「絵本と子どもについての考え方をまとめた」ものとあります。これを書いたのは、松居直さんと思われます。そして、この冊子は学校に通い始める前の幼児を対象にしたものです。

しかし、前述の本の著者は、それを学校で行う読み聞かせの原則として、そのまま適用してしまっています。対象の違いをまったく考慮することなく。（あるいは、考慮したうえの判断かもしれません。ご自分が中学校時代に理科の先生がただ読むだけだった絵本の読み聞かせのインパクトの大きさによって、六〇歳になろうとしている今も子どもたち対象に読み聞かせをしていると書いていますから。）

この四つの原則は幸か不幸か、対象年齢に関係なく、広く日本で行われている読み聞かせに受け入れられてしまっているのではないでしょうか？

これら四つに加えて、日本の読み聞かせ関連の文献でよく見かけるのは、次のようなリストです。

①読む人のパフォーマンスは不要＝声や表情を変えず、アドリブも加えない。「自然に読む」ということを心がける。物語の途中で中断せずに読み切る。話の内容を端折らない。本が主役ということを忘れない(16)。↓後で詳しく触れますが、欧米の文献には、ほとんどこの逆さまのことが書いてあります！

②はっきり、ゆっくり読む。

〜お話のイメージを描きながら読んでいくと、自然に子どもにも面白さが伝わる。「子どもに聞きやすく真似しやすいように読む」とも。

③聞き手の反応をよく見る。

〜どの子ども十分楽しめるように、心をくばる。環境として、周囲が静かなこと、聞き手全員が楽に絵を見られることも大切。

④選書は鍵

〜まさに、「選ぶ本が読み聞かせの質をほとんど規定するため、選択は非常に重要である」の通りである。↓選び方は、対象のことを考えながら、自分が面白い、ぜひ紹介したいと思えるものです。本書では、例として何冊かの絵本を使う以外は、一切読み聞かせ候補の絵本等を紹介しません。読み聞かせの本と称しながら、実は読み聞かせで読む本の紹介本がすでにあまりにも多く存在しているからです。選書に関心のある方は、そういう本をご覧ください。本書が目的としているのは本を紹介する以外のことです。その方が、選書と同じか、それ以上に大切なことだと思っていますから。

⑤事前の練習をする。
⑥事後の振り返り／記録をとる。
～八割がたは建設的に、残りを批判的に自分（たち）がしたことを振り返り、そして最低限の記録を残すこと（書くこと自体でも、振り返られる！）で、次によりベターな読み聞かせを実現することが可能となる。

最近は、以下のようなことまで書いてある本も見かけるようになりました。とてもいいことだと思います。すでに当たり前のことでしょうか？
①発音は明瞭か？
②声量？
③アクセント？
④間のとり方？

⑤内容にふさわしい読み方？
⑥難しい言葉は多すぎないか？
⑦絵をよく読みとっているか？
⑧会話は会話らしく読めているか？　同じ読み方よりは違う方が望ましい。

四　欧米で理解されている読み聞かせの方法

まずは、欧米で読み聞かせを考える際にははずせない二人の有名人が強調していることを紹介します。一人は英語圏では「読み聞かせの女王」と言われているメム・フォックスのアドバイスと、もう一人は、すでに読み聞かせでは古典となっている『読み聞かせ　この素晴らしい世界』を書いたジム・トレリースのアドバイスです。

(1) メム・フォックスからのアドバイス

メム・フォックスのアドバイスは簡潔ですが、さすがに「読み聞かせの女王」と言われるだけあって、とても的を射ていると思います。（**太字は、筆者が強調しました。**）

①聞く人たちは、あなたの近くに互いの距離をできるだけ近づけて座る。

②最初の数行を読みながら(17)、聞く人全員に目と目を合わせながら歓迎する。

③優れたセールスマンのように、**最初の行で引き込む**(18)。

④**文章を美しく、軽快な音楽のように読む。**

⑤**情景が浮かべられるように、そして感情も伴う形で読む。**

⑥**高い／低い、大きい／小さい、速い／遅い読み方をうまく使いこなす。**

⑦動詞をしっかり読むことで動きのある物語にする。

⑧**間をうまく使う。**

⑨表現しすぎない。

～気楽に、楽しむ！

⑩終わりはゆっくり読む。

⑪最後の行を読むときは、みんなを見渡しながら目で「さよなら」を言う。

⑫**自分が好きでない絵本は読まない。**

⑬**何よりも自分が楽しみながら読む。**

以上の他に、彼女が自分の体験をベースに読み聞かせについて書いた『Reading Magic（読み聞かせの魔法の力）』という本の中で言っている大事なことを付け足します（カッコは引用のページ数を表しています。**太字ゴシックは、筆者**）。彼女は、自分の娘を読み聞かせを中心にして育てました。一方、彼女はオーストラリアでおそらくもっとも有名な絵本作家で、すでに日本語にも何冊か訳されています。

①読み聞かせは、読んだ内容、絵、言葉、考えやテーマなどについて話し合うとてもいい機会である。読み聞かせとその内容について話し合うことが、子どもたちの頭／思考力を鍛える。**（↓逆に言えば、ただ聞くだけでは、その何分の一かにとどまってしまう。）**問題解決能力を磨き、話し合うことで容易に、かつはっきりと表現できるようにもする。（一五ページ）

②読み聞かせに唯一の正しい読み方はない！　できるだけ表現豊かに読むこと以外は。**（↓前述では、すでに表現しすぎないと言っていたが）**表現豊かに読めば、それは聞き手にとっての素晴らしい体験になる。本が好きになれば、自分で読むようになる、という好循環の源。従って、うまく**（＝表現豊かに）**読み聞かせをすることが鍵で、それは読み手の表現の豊かさ次第！（四〇ページ）

③前述では最初と最後に目で歓迎することとお別れすることは挙げてあったが、その間で聞き手とアイコンタクトをとりながらコミュニケーションを図る。目が発信するメッセージは口から出るメッセージと同じぐらいに大切、とフォックスは言っている。（四一ページ）

④読み終わった後は、しばしの静寂を楽しむ。

⑤張り切りすぎる必要はないが、体験全体を聞き手にとって面白いもの、価値ある体験にする努力はする。（四二ページ）国語の授業がしてしまっている過ちは、読むことは退屈で面白くないというメッセージを子どもたちに発信してしまっていること。そうなると、読まなくなってしまう。読まなくなるということは、学ぶこともストップしてしまうことを意味する。（九六ページ）**→退屈や面白くないことが、最大の敵！**

(2) トレリースのアドバイスを吟味する

トレリース著の『読み聞かせ　この素晴らしい世界』の中で私がほとんど唯一（？）参考になると思った部分を紹介します。それは、第四章の「やってほしいこと・やってはならぬこと」の一部です。これらの中には、すでに日本の読み聞かせにも受け入れられているところもあると思いますが（「　」で表示。**太字は筆者の強調**）、そうではないものもあるかもしれません。確認の意味も含めて（あるいは、私たちには常に選択があることを意識しながら）読んでみてください。**太字ゴシックは、筆者のコメントです。**

五．「人の話を聞く技術は後天的なものであることを忘れないこと。」**↓これを若干延長すると、「本を読む技術も後天的なものであることを忘れないこと」になります。**

一三．「読み始める前に聞き手が椅子に座り、話を聞く気になるための時間を、二～三分与えること…話を聞くには、雰囲気というのも大切な要素になる。」**↓メム・フォックスは、雰囲気の要素として全員の近さ加減を強調していました！**

一七．「読み聞かせの後は、話し合いの時間をもつこと…それらを口頭で、文章で、あるいは絵で表現させよう。」**↓これが最大の違いかもしれません。**

一九．「**表現を豊かにすること。できるなら、会話の内容にあわせて声音を変えること。**」

二〇．「内容にふさわしいペースで読むこと。」

二一．「聞き手が耳から入ってくることを頭の中で思い描けるよう、ゆっくりしたペースで読むこと。」↓ゆっくり読めば情景が描けるかというと、どうもそうとは言えないようです。メム・フォックスは七つの要素（高い／低い、大きい／小さい、速い／遅い読み方、プラス間のうまい使い方）によってそれを成し遂げられると考えています。

二二．「読み聞かせの素材にはあらかじめ目を通しておくこと。そうすることで、短縮すべきところ、省略すべきところ、あるいはもっと詳しく説明してやるべきところがわかる。」↓日本の読み聞かせでは、作品第一主義をとっているので、この発想は許されていないのではは？

二三．「作品だけでなく、その作者にも生命を与えること。」↓作者や絵を描いた人についても事前に語れるようにしておくとよい、ということ。

二四．「可能な限り、本に立体的な広がりを加えること。」↓内容に関連する具体的なものも用意することを提案しています。その方が子どもたちには複数の感覚で情報がインプットされることを意味します。

二五．「あなたと子どもが覚えておく値打ちがあるという文章に出会ったら、あらかじめ余白に小さく印をつけておこう。」↓これは、読む際の参考になるだけでなく、話し合いをする際には不可欠ですし、さらには書く際の指導にもつながります。

三〇．「教室、家庭を問わず、毎日子どもが自分で本を読む時間を決めてやること。いくら読み聞かせをしても、子どもがそれを実践に移す時間がなければ、無駄になる。」↓ある意味では、一人読みの時間こそが大切ということです。しかし、朝の読書の時間のような無責任な時間の確保の仕方であってはなりません。すでにアメリカでは「黙読の時間」の反省から「No More Independent Reading Without Support（サポートのない一人読みはもうやめよう）」というタイトルの本が出ているぐらいです。

三一．「見本を見せること、読み聞かせのとき以外にも、あなた自身が楽しみのために本を読んでいる姿を見せること。」↓見本こそが、自然で、何よりパワフルな刺激の仕方ではないでしょうか？

二人の有名人のアドバイスでしたが、参考になりましたでしょうか？

次は、その他の文献資料で見つけたものの中から、筆者がいいと思ったものをいくつかの項目に整理する形で紹介していきます。

(3) 読み聞かせを成功させるコツ

①毎日いつ読み聞かせを実施するかスケジュールに組み込む。（毎日がもし無理なら、一週間のうち何曜日と何曜日のいつかを子どもたちにも公表してしまう。）
～これは、何よりもそのために用意しないといけない自分へのいい意味でのプレッシャーになる。（いい本を見つけた時に読み聞かせをするのでは、先延ばしになりかねないですから。）また、そこまでの位置づけをすることで、国語はもちろん他の教科との関連も考えるようになります。そして、何よりも、子どもたちにとって（そして自分にとっても）「継続は力なり」を実行することを意味します！
②目的意識をもって読み聞かせをする。
～読み聞かせを楽しむことは大切だが、読み聞かせを手段としてしっかり捉える！　カリキュラムの何かをしっかり教える／押さえるために。要するに、付け足しでするのではない、ということ。
③聞き手のことを把握する。

〜聞き手のニーズに合う形で読み聞かせをするのが最も効果的。（**↓読み手の想いを優先した読み聞かせに価値がないわけではないが、一五ページを思い出してください。**）把握するためには、継続的な形成的評価を行う。具体的には、観察（子どもたちの顔色や動きなど）、子どもたちが書くジャーナル、ペアでの話し合いなどが身近なものとしては考えられる。『ようこそ、一人ひとりをいかす教室へ』の続編的な位置づけの『一人ひとりをいかす評価（仮題）』（二〇一八年夏出版予定）の中の診断的評価や形成的評価を参考にしてください。ちなみに、これらの評価をしていないと、よく教えられないことを意味します。

④必ず事前に声を出して読む。

〜そうすることで、子どもたちに提供するに値するものかどうかが判断できる。「本当に、誰かに勧めたい本か？」が値踏みできる[19]。

⑤読み聞かせをすれば、みんなが理解できるわけではないので、聞き手がこれから読む内容と関連づけられるような橋渡しをしてあげることは大切！

〜表紙から考えられることを伝え、そしてそこから本の中身を予想したり、オープンエンドの質問をしたり、絵本の主だったページのみを使ったプレビュー（予告編）をしてあげ、中身がどのような内容かを予想してもらう（興味・関心を誘う）。理解するために役立つ方法を実演しながら、「自立した読み手」になっていくための足場を築き続ける。

⑥終わりが始まり
～読みながら考え聞かせ（第三章を参照）をしながら、予測させたり、疑問や質問を投げかけたり、観察などもしているので、読み終わった後は、それらが正しかったのか**（→あるいは、作者の展開よりも面白いアイディアを出せていたか）**を検証し合う。この読み聞かせを終えた後の活動も、単なる読みっぱなしに終わらせずに、読み聞かせの目的を理解することに焦点を据えた場合の大きな違いである。

(4) 事前にすること

①十分に計画する。
～単に読むだけでなく、読んだものについて話し合うことも含めて。なお、読む対象は、絵本などの物語だけでなく、詩や、新聞や雑誌やネットで見つけたノンフィクション

／説明文も可能です[20]。

②子どもたちの興味や体験にあった物語や文章を選ぶ。

～これを実現できるコツは、常にアンテナを張って探し続けていることです。読み聞かせをやろうと思って探し始めてもなかなか見つかるものではありません。常日ごろ探す努力をしていることで、より容易に見つけられるようになります。

③事前に読んで、子どもたちの質問や反応を予測する。

～どこで止まって話し合いをしたり、予想をしたり、反応を聞いたりするかを計画する。（最低でも、一度は事前に読む。時間が許せば、録音しながら、自分の声を聴く。）読みながら、聞き手の方も見ないといけないので、内容をある程度覚えておくと大いに役立つ。

☆いい本を選ぶ際の考慮点

たくさんのジャンル[21]や物語に接することができるようにしてあげる。たくさんの人、文化、社会、テーマに出合わせてあげる。本の中の人物（や動物）たちが、どのように遭遇する問題を解決するのかを見せてあげる。

子どもたちは常に自分の体験と本とのつながりで理解しようとする。**（→これは、逆に言えば本が自分の体験を理解する手助けになることも意味している！）** 絵本の場合は、豊かな言葉、意味のあるあらすじ、魅力的な登場人物、引き込まれる絵などがあるものを選んでください。

選書の時は、最低でも、次の二つの問いに答えられるものにしてください。

①自分自身が面白いと思える内容か？[22]

②子どもたちにぜひとも紹介したい内容か？

選書する際に役立つ他の質問としては、次のようなものがあります。

①本はいい話し合いのきっかけになるか？

②特定のテーマを理解する／考えるのに役立つか？

③似たようなテーマや同じ作者の本を子どもたちが読み出す呼び水になるか？

④記憶に残るストーリーか？

(5) 読み聞かせの準備

①大切な言葉や文章を選び、それらを強調することで**（↓具体的には、大きい／小さい、速い／遅い、高い／低いと読み方を変えることで）**理解するのを助けられるようにする。事前に印をつけておかないと、その場では忘れてしまう！

②どこで息を継ぐか、どこで間をとるかも事前に確認しておく。

③他の読み手が読み聞かせをしているところを見せてもらい参考にする（反面教師も含めて）。

～なんと、牧師で人種差別撤廃運動家マーティン・ルーサー・キング・ジュニアやアップルの元ＣＥＯのスティーブ・ジョブズなどのビデオを見ることを薦めている。その意味では、読み聞かせ＝スピーチ／語り[23]と言える！

④事前に鏡の前あるいは家族の前で練習する。そして、可能ならフィードバックをもらう。

(6) 緊張に対処する[24]

①深呼吸をする。
～ほとんどの人は深い呼吸（意識して呼吸）を数回するだけで落ち着けるものです。これも、日ごろからの練習が大切！

②熱心な聞き手に集中する。
～どんなグループを対象にしても、中には落ち着かない人、退屈する人、眠っている（振り？をする）人などはいるものです。そんな人たちに焦点を当てると、自分のしていることにおかしいところがあるのではと、ますます緊張してしまいます。そういう人たちは無視して熱心な聞き手に集中することで、自信がもて、リラックスできます。

③緊張を興奮に転換する。
～緊張と興奮は似た症状をもたらします。自分は、楽しんでやれることに打ち込んでいるのですから、「緊張しているんじゃなくて、うれしいだけ」と自分に言い聞かせる

のです。

④完璧は求めない。
～たとえ練習をたくさんしたとしても、間違いは起こすものです。ですから、最初から完璧は求めず、楽しむのです。間違えても、気にしないのです。（ほとんどの聞き手は気づきませんし、たとえ気づいたとしても、気にしません。）

(7) 特に、読んでいる間に注意すべきこと

①はっきりと聴き取りやすいように話す。
・速すぎず、遅すぎず。
～ペースが大切。緊張していると自然に速くなりがちなので、聞き手の反応を見ることで読むスピードを遅らせるのは一つの効果的な方法です。そうすることで、次に紹介する点もカバーできるので一石二鳥です。それは、ゆっくり話すことが、聞き手により多くの考える時間を提供することになるので、とても大切だということです。読み聞かせの目的が、読み手が読むことにあるのではなく、聞き手が理解することに設定

されているのであれば特に。

・発音を練習する。

〜これに関しては、アナウンサーや朗読をしている人たちが練習している方法が参考になります。

②聞き手とつながる。

・アイコンタクトをとる。

〜聞き手とのコミュニケーションや交流を目的として設定するのであれば、これは不可欠です。言葉によるコミュニケーションよりも、目を含めたボディー・ランゲージによるコミュニケーションの割合の方がはるかに大きいからです(25)。そのためには、ある程度部分的にしか見なくても、本を読めるように練習しておくことが不可欠になります。願わくは、全員とのアイコンタクトをするように。もし全員が無理なら、特定の設定した数人と継続的に。

・読んでいるものの助けとなる顔の表情を使う。たとえば、ショックを受けた時、幸せな時、ガッカリした時、驚いた時、心配な時、安心した時など。

・有効に身振りも活用する。あなたが発信したいメッセージに合わせた頭、腕、身体の動かし方をしてください。たとえば、聞き手にも賛同してほしい時は、うなずいたりするのです。

・自分の声に生命を吹き込む。

〜単調に読まれたら退屈にならざるを得ません。抑揚を使ってください。大事な言葉や文章は強く強調したり、三人の登場人物がいるなら、三つの異なる読み方で違いを明らかにしたりしてください。ワクワクする場面では高い調子で、説明的な部分や悲しい部分などは低い調子で、といった具合に。メム・フォックスがアドバイスをしていたように、声の高さ、大きさ、トーン（調子）などを変えるのです[26]。

(8) 読んでいる間にすること

①読む本を紹介する。

〜表紙、タイトル、書いた人、描いた人などを紹介し、本の内容を予測する。自分たちの経験や読んだことのある他の本とどう関連するかも聞き手とやり取りする。読み手本人がなぜこれを選んだのかを話してもいい。たとえば、「これは、ねずみとクジラの特別な友だちの関係についての絵本です。これまでに何度も読んだことがあります。あなたたちがどんなことを考えるかぜひ知りたいです」といった具合に。

②表現豊かに読む。

～読む声は、絵本のトーンや登場人物の性格などを表しているものであるべきです。スピードは変え、大切なところは間を十分に確保します。そうすることで、子どもたちに何が起こっているか、次に何が起こるかを考えさせながら読むことができます。そして、これらについての考えを表現させたり、振り返ったりする時間も十分にとります。それが考えながら読む助けになるからです。（しかし、注意すべきは、正解探しにならないように、すべての考えを受け入れる形で進めることです。）

再度強調しますが、読み手の情熱と表現の豊かさを伴って読むことには躊躇しないでください。少し大げさなぐらいでも、子どもたちはその方が間違いなく楽しみますし、結果的にその本や読むことが好きになります。

③聞き手の反応を大切にしながら読み進む。

～その意味でも、本、読み手、聞き手の三角形の三者の関係では、私は聞き手を最も優先したい気がします。理由は、あくまでも聞き手を「自立した読み手にする」ことが目的で、読み聞かせをすることはあくまでもそのための手段にすぎないと思うからです。その意味では、読み手と本は単なるサポート役にすぎません。聞き手の反応を見ながら読み進むことで、読みながら修正することも可能になります。今扱っている本の読み方はもちろんのこと、場合によっては、他の本に変えることや、次の本を選ぶ際のヒントにもなります。

④読み終わった後は、正解を求める質問ではなく、オープンエンドの読んで考えたことを尋ねる質問をする。

～たとえば、登場人物について考えたこと、本のよかった点と悪かった点などです。本を読み終わった後は当然ですが、読んでいる間でも、本の中で起きていることについて考えたり、予想したりする話し合いは奨励します。（その話し合いが、正解当てっこゲームにならないように注意しながら！）

⑤話し手も、自分のお気に入りや気づいたことを紹介する。

～特に気に入っているところや言葉や文章を聞き手に紹介し、同じことを子どもたちにも尋ねてみる。

⑥何よりも、絵本を媒介にした子どもたちとのやり取りを楽しんでください!!

◎『モリス・レスモアとふしぎな空とぶ本』（ウィリアム・ジョイス作・絵 おびかゆうこ訳 徳間書店）を使った読み聞かせの事例(27)

A先生は、「これからさき、どうしよう？ どこへ行こう？ モリスには、分からなかった。でも、とにかく、あるきはじめることにした。（八ページ）しばらくして、モリスが、ふと、かおをあげると、おどいたことに、きれいな女の人が空をとんでいた！ 女の人は、いろとりどりの空とぶ本につかまって、どこかへ飛んでいこうとしていた。（九ページ）」まで読み聞かせをしてから、子どもたちにじっくり絵本を観察させて、話し合いをさせる予定にしていました。

「ここまでで気づいたことを、隣の人と話し合ってください」と言って、子どもたちが気づいたことや考えたことを話させ、自分は何組かの話に聞き入りました。ある子どもは「ここまではずっと白黒なのに、空飛ぶ風船ならぬ本と一緒に現れた女の人からカラーになってる」と言っていました。さらに、どんな発言が子どもたちから出されているか聞き耳をたてました。

そして、子どもたちの注目を集めて、「あなたたちの観察はすばらしいです。でも、本はなぜ空を飛べるし、色ももたらしたと思いますか？」と尋ねました。

するると、一人の子が「モリスさんの気分を表しているのかも。最初のところはカラーで始まっていたから、明るい気分を表していて、嵐でモリスさんも、モリスさんが書いた言葉も飛ばされてしまったので、暗い気分になってしまったんだと思う」と言いました。

その発言を受けて、A先生はみんなに、これまで読んだところをもう一度見られるようにしました。そうすることで、全員がこの絵本の中で、色が果たしている役割はとても大きいことが分かります。（と同時に、「この絵本は、文章と同じかそれ以上にイラストが重要なのかも」という子どもまでいました。そうなのです、実はこの物語は、最初はアニメーションとして作られました。その後で紙の本になりました。）

この絵本は、小学六年生以上で『ギヴァー』を読み聞かせしたり、ブッククラブをしたりする前段としても使えるかもしれません。『ギヴァー』のテーマの一つが「色のない世界」（や記憶）だからです。

一方で、この絵本のこの後の部分を使ってたくさんのテーマ（例えば、一人ひとりが自分の人生の物語を書いている、人はたくさんの本＝たくさんの人生に影響されて生きている！など）を引き出すことも可能です。

(9) 読み聞かせの改善を図るために教師にできること／やれること(28)

・子どもたちが話し合っているところをよく聞く。聞くことによって、何が求められているかが明らかになる。
・繰り返し読み聞かせして、子どもたちの話し合いがどう変化するかを観察する。
・好きな本を見つけて、何も教えることなく、本にすべてを委ねる。そして、子どもたちの話し合いに耳を傾けて、本が子どもたちに何を教えたのかを聞き取る。
・読み聞かせの様子を動画に撮って、読み手と聞き手が話している割合を計算する。どうしたら、前者を少なくして、後者を増やせるか考える。
・単に時間だけでなくて、話し合いの質はどうしたら向上できるかを考える。
・誰は話し合いに参加していて、誰は参加していないのかも把握し、どうすれば改善できるかを考える。
・読み聞かせの本が一人読み（一八六ページの図4を参照）で読まれる割合や数を把握する。

ビデオ

Strategies for Reading Aloud to Young Children

Reading a Book to Children（English）

注

(1) この初版が出たのは一九七九年で、最新は第七版が二〇一三年に出ています。ちなみに、これを「引退」版と宣言しているようです。日本語に訳されたのは、一九八五年の第三版と思われます。

(2) 検索エンジンで「読み聞かせ」を調べて得られた情報の中で、私が最も学ばせてもらったのは、東京大学と筑波大学の学生たちのサイトでした。前者では、読み聞かせを、「絵本などの本を声に出して読みながら、子ども（幼児）とのコミュニケーションをはかる行為のことです。こうした行為は子どもの読書への導入になるばかりでなく、親子のスキンシップや想像力の育成など、保育や教育の現場などで注目を集めています」としています（出典：http://www.p.u-tokyo.ac.jp/lab/ichikawa/johoka/2008/Group3/yomikikase_index.html ほぼ一〇年前のサイトですが、参考になるのは最初の二つの項目だと思います）。

後者の筑波大学の学生たちが調べてまとめた読み聞かせの定義と歴史的背景は、次のようなものでした。「読み聞かせは、主に乳幼児期から小学校年齢の子供に対して、話者がともに絵本などを見ながら音読する行為である。日本では、一九八六年（明治二九年）に巌谷小波が京都の小学校で行った口演童話がルーツであると言われている」（ウィキペディア）。

口演童話は、聞きなれない言葉ですが、紙芝居の形で根づいていると言えると思います。「紙芝居は、絵を見せながら演じ手が語って進める芝居的パフォーマンスのことで、主に子供たちを対象にした簡易な芸能」（ウィキペディア）です。私は、六〇年近く前に、飴などを売りながら自転車に積んだ紙芝居を見せに来てくれたおじさんのことを覚えています。今は、図書館の児童書コーナーにたくさんの紙芝居がストックされています。しかし、借り手が減ってドンドン縮小されているようです。

日本の現在の読み聞かせは、このような歴史的な流れの中に位置づけられているとも言えるわけです。紙芝居については、さらに次のような説明もあります。「世界恐慌時代（一九三〇年代）の日本で誕生した。日本独自の存在で、（インドネシアの）バリ島の影絵芝居や紙人形芝居を除けば他国に例を見ないものであった。（中略）紙芝居では、演じ手と観客とが向き合い、実演を通して直接交流することにより盛り上がる。演じ手は観客の反応を見ながら、絵の引き抜き方、声色、台詞回しなど演じ方を自在に変える事もできる。この双方向性と一体感は、テレビなどの一方通行のメディアでは得られぬ紙芝居の特質である」（同右、ウィキペディアの「紙芝居」の項より）。ながながと、紙芝居について引用したのは、読み聞かせをさらに改善・発展させるためのヒントが書いてあると思ったからです。それは特に、現在主流になっている読み聞かせの仕方である

「大げさに読まず、淡々と読むようにする。読み手の過度の感情移入は聞き手の想像の余地を狭め、登場人物の印象を操作しかねないため」（同右、ウィキペディアの「読み聞かせ」の項より）を考え直すきっかけにもなり得るからです。単なる、音読と捉えるのか、読み手／演じ手による実演と捉えるのかは、大きな違いを生み出します。

また、右の定義で気になったのは「主に乳幼児期から小学校年齢の子供」とある点です。実際、日本で現在行われている読み聞かせは、確かにこの対象が中心かもしれません。しかし、もっと広い可能性が対象にも、読む本にもあり得ることを本書ではお伝えしたいと思います。

早速、二組の大学生たちが活躍している様子を紹介しましたが、見えてこないのはそれぞれの担当教授たちです。学生たちが書いたものでOKとしてしまっているのでしょうか？　それとも、そもそも読み聞かせには興味がないのでしょうか？（ひょっとしたら、まだこの年代の人たちしか、ネットを使いこなしていないのかもしれません！）

(3)　目的と一緒に「対象」も同時並記できるかもしれません。日本では、「字が読めない人に対して読んであげる」のが読み聞かせというイメージが強すぎる気がします。

(4)　日本で理解力や思考力（考える力）といった時の捉え方は、欧米のそれと比べると大きな違いがあります。文科省が出している資料等を見ても、理解力や思考力は単体として捉えられていますが、理解力にしても、思考力にしても実はたくさんの要素を含んだものです。理解力や思考力にはどんなものが含まれ、それらをどうやって身につけることができるかに関心のある方は、『読書がさらに楽しくなるブッククラブ』（特に、読む力、思考力、理解力等について詳しく書いてある七四〜八〇ページ）、『理解するってどういうこと？』、そして

『増補版「考える力」はこうしてつける』を参照してください。理解することや考えることの奥の広さを感じられると同時に、その楽しさも感じられると思います。

(5)　ここまでの五項目は、前記の筑波大の学生たちがまとめたものからのリストです。

(6)　粗訳の段階で原稿を読んでくれた協力者の一人から、以下のコメントをもらいました。「『読み聞かせの7変数』の図で、④・⑤・⑥・⑦が読み聞かせの価値なのだと思います。従来の（今の）読み聞かせは、①絵本を正しく③子どもに注入し、②親（読み手）は黒子になりきるという感じなのだと思います。」

(7)　ここ（および、次に紹介する「欧米で理解されている読み聞かせの方法」）で主に参考にしたのは、以下の資料です。

Kwayaciiwin Interactive Read-Aloud Kits (K-3)
http://www.kwayaciiwin.com/wp-content/uploads/2014/07/Interactive-Read-Aloud-Guide-Final.pdf
wikiHow, How to Read Aloud
https://www.wikihow.com/Read-Aloud
keenreaders.org 26 tips for reading aloud
https://eflmx.wordpress.com/2011/07/05/26-tips-for-reading-aloud/
Reading Aloud to Build Comprehension
http://www.readingrockets.org/article/reading-aloud-build-comprehension
Reading Aloud to Children: Helpful hints
https://www.bankstreet.edu/literacy-guide/sample-tutoring-lessons/reading-aloud-children-helpful-hints/

+ http://www.readin.ca/tips-on-how-to-read-aloud/
Project Cornerstone - Reading Aloud Skills

(8) 「意味をつくり出す」とは、本を読んで内容を理解したり、解釈したり、自分の考えをアウトプットできる状態に整理したりすることです。それは、表面的なレベルでスラスラ読めることを示す以上に大切なことです。読み手の頭の中で文章を読みながら起こっていることなので、聞き手には見えません。それを「理解するための方法」を駆使して楽しんで読んでいるところを見せるのが、「読み方を学ぶためのコマーシャル」の中核になると考えられます。それは、従来の読み聞かせという方法ではなくて、第三章で紹介する「考え聞かせ」という方法になります。

(9) この原稿を粗訳の段階で読んでくれた協力者の一人から、以下のようなフィードバックをもらいました。「日本の低学年の指導でよく行われているのは『音読』でしょう。これは、国語の教科書で、今授業で扱っている教材を家で音読してくる、という宿題となって現れます。自分の子どもが（今、進行形で）悩まされています。子どもは読むのですが模範はなく、親は読んだ回数と『声がはきはきしていたか』『つっかえずに読んだか』の二項目について評価（◎、○、△）を求められます。私の子どもは、これが苦手です。私も、読まないよりはいいだろうと思って宿題に付き合いますが、子どもは自分の読み方を親にチェックされるので、嫌がります。それはそうでしょうね。親しみを感じている親から自分の読み方をチェックされるのはどんなものだろうか、と疑問に思います。音読を楽しむ、教科書の文章を楽しむ（教科書である以上、それは難しいでしょうが）ということが、この宿題では決して達成できないだろうと思います。」まったくその通りで、観察や評価をされてしまうと、していることが楽しくなくなってしまうし、身につかなくなってしまうのです。日本においては、読み聞かせだけでなく、音読や宿題も問題です。

(10) 一人読み以外にも、本書で紹介する他の方法や、本書では扱わないペア読書、ガイド読み、ブッククラブ、ブック・プロジェクトなど他の効果的な方法との関連で読み聞かせを捉え、かつ実践することがとても重要です（一八六ページの図4を参照）。本書で紹介しない方法については、『リーディング・ワークショップ』、『読書家の時間』、『読書がさらに楽しくなるブッククラブ』を参考にしてください。

(11) クリティカル・シンキングは一般的に「批判的思考力」と訳されることが多いですが、それでは、全体の三分の一から四分の一しか示していない気がします。「クリティカル」には「重要な」や「大切な」という意味もあり、「大切なものを見極める力」や「大切でないものは排除する力」と訳したいと思うぐらいです。というのも、これらこそが学校の授業も含めて、日本社会で最も欠落しているもののような気がするからです。単に、批判することではありません。

(12) これらのテーマ別の本のリストに関心のある方は、pro.workshop@gmail.com にお問い合わせください。

(13) この点について関心のある方は、『ライティング・ワークショップ』の第七章「ライティング・ワークショップのなかでの本の使い方」および『作家の時間』（四三～四四、一〇六、一五六ページ、第一二章など）を参照してください。読み聞かせも含めて紹介されています。もう一つの情報源は、「WW／RW便り」(http://wwletter.blogspot.jp/) です。そのブログの左上に「メンター・テキスト」を入力して検索すると、書く指導を行う際の絵本の効果的な使い方がたくさん紹介されています。

⒁ このこととの関連で、絵本にとても詳しいある公立図書館の司書が、近年出回っている絵本の質の低下を嘆いていました。その理由は、売れることを優先しているからだと言うのです。買うのは親です。「従って、親が読みたがる本や親に受ける内容に偏り、本来子どもが読みたがる本や子どもに読ませるべき内容が減っている」と。「特に、日本人が書いたものに、その傾向が強いです」とも。それはそうです、海外の絵本に対して、編集者の影響力を行使することはできませんから。できるのは、訳すか否かの判断だけです。

⒂ ここでいう「大きな違い」とは、子どもを「自立した読み手」に育てるかどうかということです。

⒃ 前出の筑波大学の学生たちは、「大げさに読まず、淡々と読むようにする。～ 読み手の過度の感情移入は聞き手の想像の余地を狭め、登場人物の印象を操作しかねないため」と書いています。

⒄ 「読み始める前に」の方が、いいような気がしますが…。

⒅ そのためには、事前の準備がとても大切なことを意味します。

出典：http://www.thebookchook.com/2009/03/fourteen-fantastic-hints-on-reading.html
Fourteen Fantastic Hints on Reading Aloud, by Mem Fox, Queen of Read Aloud

ここで紹介されているアドバイスは、英語ですが、次のビデオの中でもほとんど紹介されています。
How to read aloud without being boring [SPEECH], YouTube

その意味では、英語圏では極めて常識的と解釈できます。

(19) 協力者の一人から「必ず、声に出して読まなければ、判断できないのでしょうか?」という質問がありました。答えは「いいえ」です。比較的長く読む教育に携わっている人は、サラっと目を通すだけで判断できてしまうと思います。しかし、まだあまり長くない人には、ここの提案をお薦めします。

(20) 協力者から以下のようなコメントをもらっています。「これを、例えば中等教育で行う場合、国語の時間の最初の一〇分間くらいを使って、教師が関心を持った文章を読み聞かせ、生徒に感想を書かせて互いに交流させ合う、ということをずっと続けたら、おそらく教科書の学習から得られることの何倍ものことを生徒は得てくれるだろうなぁ、と夢想します。小論文対策など、簡単でしょうね。そうだとすると、残りの問題は教師がそれをするかしないか、だけですね。」

(21) 絵本や物語に限定せずに、ノンフィクションも選択肢から外さないでください。ちょっと探す努力をするだけで、子どもたちにも分かる書き方をしてあるノンフィクションの文章（新聞やネット情報）はあります。これらによって提供できる世界の広がり（＝考えたり、理解したりすること）は、フィクションとノンフィクションのそれとはだいぶ異なります。ちなみに、私たちが通常目にしている（読んでいる）フィクションとノンフィクションの割合は、二対八とか一対九で圧倒的に後者が中心です。それだけ必要性の高いものを子どもたちに紹介しないのは、おかしなことです。また、実際に読んではいますから、少し意識することで、子どもたちに合うものを見出すのも容易になります。

(22) たとえ、誰か有名人が「いい本」だと推薦していた本であっても、自分が面白いと思えなかったら、その自分の気持ちは子どもたちに伝わってしまうからです。自分が楽しめて好きな本を選んでください。それは、自分しか判断できません。しかも、願わくは一回だけでなく、何回か繰り返し読んでも飽きないというか、発見があるような内容の本を見つけてください。

(23) 本書の執筆にあたって日本語で書かれている読み聞かせ関連の本やサイトには一応目を通しましたが、最も参考になると思えたのは、読み聞かせに焦点を絞った本ではない松岡享子著の『よい語り』でした。また、「この準備段階でやれることは、校内研修（特に、夏休み中など）で取り組めたらいいですね」という協力者のコメントがありました。

(24) このテーマに関しては、キャシー・タバナー他著『好奇心のパワー』（特に、第八章）が参考になります。

(25) ＵＣＬＡの名誉教授で心理学者のアルバート・メラビアン（Albert Mehrabian）は、実際に話された言葉がメッセージの伝達に占めた割合はわずか七パーセントで、言葉がどのように話されたのか（声の調子）は三八パーセント、そして顔の表情や身振り・手振り（ボディー・ランゲージ）は五五パーセントであったことを発見しました。（前掲『好奇心のパワー』の四三ページより）この事実を踏まえて、読み聞かせをするのと、知らないでやり続けるのでは大きな違いを生み出します。読み聞かせをする際に、読む言葉自体は変えられません。でも、他のすべては読み手次第でどうにでもなるのです！

(26) さらには、難しいところ、強調したいところ、覚えておいてほしいことは、繰り返して読むこともできます。また、事前に全員が聞こえる大きさで話しているかも確認してください。

(27) Who's Doing the Work? How to say less so Readers can do More の四七ページを参考にしながら書きました。

(28) 出典は、Who's Doing the Work? How to say less so Readers can do More の五一ページ。

第二章　対話読み聞かせ

～読み手と聞き手が双方向の話し合いをしながら読み進めよう

一　読み聞かせと対話読み聞かせの違い

欧米で広範に普及している極めて効果的な読み方の教え方について書かれた『リーディング・ワークショップ』（ルーシー・カルキンズ著）の中に、以下のような事例が紹介されています。学校の校長先生が、ある日小学校一年生の教室に行って、二三人の子どもたちの前でカレン・バーバーの『Little Nino's Pizzeria（小さなニノのピザ店）未邦訳』を読み聞かせしました（同右、一三九～一四〇ページ）。子どもたちは、校長先生の話に引き込まれて聞きました。以下は、読み聞かせと対話読み聞かせの違いを際立たせるために、二つのシナリオとして紹介しますので、あなたはどちらが読み聞かせのやり方として望ま

しいかを判断してください。

① 読み聞かせ編

校長先生は、次のようなあらすじの絵本を読みました。

「ある少年のお父さんが人気のピザ店を経営しているのですが、その少年はお父さんの仕事を手伝うのが大好きでした。しかし、ある日、スーツに身を包んだ男たちが店に現れ、その後しばらくしてお父さんは店を畳んで、レストラン・チェーンのピザ店のマネージャーになってしまったのです。新しい店には少年の居場所がなく、手伝おうとしても邪魔になるだけでした。

そして最後には、お父さんは昔のピザ店を再開することを決めます。もともと父の名前がついていた店ですが、今度の店には、手伝うことが大好きな息子の名前をつけることになったのです」

校長先生は、絵本を読み終わると、しばしの間をとり、ニッコリして、みんなが熱心に聞いてくれたことに感謝の言葉を述べ、また次回、違う絵本を読みに来ることを告げて

（子どもたちからは拍手）、教室から出ていきました。

②　対話読み聞かせ編

校長先生は（前記の絵本を）読んでいる間にときおり、「この本を読んでいると、先生の心にはいろいろなことが浮かびますが、みなさんはどうですか?」と、子どもたちに問いかけながら読み聞かせを続けました。

あるページまで来た時に、いきなり大きな目の女の子が黙って校長先生のところまで歩いていき、そのページのある部分の絵を指さしました。それは、部屋の隅に置かれていた、頭の部分がハート型にくり抜かれた小さな揺りかごでした。校長先生はその揺りかごに目を留め、そこに眠っている赤ちゃんを見つけたのです。

「赤ちゃんの妹がいるんだわ！　先生はこの本を何回も何回も読んできたのに、赤ちゃんの妹がいることに、今初めて気がついたわ！」と、校長先生は言いました。

「先生、私もそうなの！　この話では、お父さんはお兄さんとしか話をしていないようね」と、お下げ髪の女の子が言いました。

「そうそう、それにピザ屋の名前には、妹の名前は使わずにお兄さんの名前を使っている」と、三人目の女の子が言いました。

「お父さんは、お母さんとも話していないよ」

「私の家でもそうなのよ。男たちが偉そうにしているの」

「お父さんは、お母さんと話すべきだ。もし、お母さんと話をしていれば、レストラン・チェーンのピザ店なんか開かないようにって、お母さんが言ったと思う」

「私のお父さんもそうなのよ。私が女の子だし、家の中で一番小さいから、私には話しかけもせずに無視するのよ」

と、こんな調子で校長先生が読んだ絵本をもとに、自分たちの経験に結びつけながら、話し合いは続きました。話し合いに参加していたのは、主に女の子たちでしたが。


さて、あなたは自分が読み聞かせをするとしたら、どちらの体験を子どもたちにしてほしいと思いますか？　そうです、あなたには選択があるのです。

①のような従来の読み聞かせだと、米国アマゾンのカスタマー・レビューに書き込まれているように、「とてもいい道徳的な内容」「この本を読んだ後は、うちの息子も家の手伝

いをするようになった！」「生産者や消費者などの経済的な用語を教えるのに、いい絵本」「何よりも、お金がすべてじゃないことを教えるのにいい」といった感想を聞き手がもってくれたら上出来であり、読み手としても達成感を味わえるということでしょう。（アマゾンのコメントを書いているのは、すべて大人ですが。）

②の方は、喜んでいいやら、違和感をもっていいやら…あなたはどちらでしたか？　ちなみに、この教室の担任は後者の違和感の方でした。そして次のような発言すらしたのです。「子どもたちは、どうしてこんなに夢中になって話しているの？　たかが本の話についてなのに」

しかし、子どもたちが話していたことは、本について語り合い、そこに書かれていることを自分たちが常日ごろ体験していることに引きつけながら考え、そして違った話の展開の仕方まで含めて提案すらしていたのです。読み聞かせをした校長先生の予想をはるかに超えた内容でした。

担任の教師とは正反対に、校長先生と『リーディング・ワークショップ』の著者のカルキンズは、大喜びでした。カルキンズは、次のように考えています。

子どもたちが本について考えられるようにしていくことは、まさに生きていくこと全体に関わることであり、読むことを教えていくことの本質とも言えます。そして、本を読んで考えていくことを教えていく極めて効果的な方法として、**読み聞かせを使っての話し合い**があります。子どもたちが本と一緒に考え、本に書かれていることと自分とのつながりを見いだし、場合によっては本に書かれていることに反対することもできるようになるために、教師は本についての話し合いを使い、最終的には自分の考えたことを表現できるようにサポートしていきます。（一四一ページ、文字強調は筆者）

さらに、カルキンズは次のようにも書いています。「いずれ子どもたちは、本について話し合う人がいなくても、自分で思考を発展させていけるようになっていきます。…〝何を考えているの？〟、〝この本のどこを読んでそう思ったの？　そのことを裏づけることはどこに書いてあったの？〟といった質問を繰り返し行うと、いずれは自らに同じような質問をするようになっていくのです。…読み書きと同じように、話すことは知性の発達を促す原動力であり、この原動力は極めて大切なことなのです」（一四一ページ）

本書では、カルキンズが「読み聞かせを使っての話し合い」と言ったことを、「対話読み聞かせ」として紹介していきます。五六ページで①として紹介した「読み聞かせ」とは、目的（意図すること）も、そのやり方も、似て非なるものなので、混同しないように、まったく異なる方法として紹介しています。

第四章の「いっしょ読み」および「いっしょ読み聞かせ」で登場してもらうレジー・ラウトマンも「対話読み聞かせ」(1)の推奨者です。**（太字ゴシックは、筆者のコメントです。）**

（対話読み聞かせ）は、読み聞かせをしながら、子どもたちを読んでいることについての話し合いに招き入れる読み方です。読み聞かせをした後に話し合うのではなくて、読み聞かせをしながら、その間々に話し合いをしていくのです。こうすることで、読んでいることについての、子どもたちの理解を図ることができるからです。

教師は、読み聞かせをしている間に、自分の考えを明らかにすることもできます。**↓これは、第三章で紹介する「考え聞かせ」です。**

もちろん、読むものによっては、子どもたちへの投げかけや話し合いを一切せずに、最初から最後まで読み聞かせます。子どもたちの様子、顔色、反応などを見ていれば、十分に理解できていること（楽しめていること）が分かるからです。↓**これは、従来の読み聞かせです。**

また、全部を読み聞かせた後に、テーマ、イラスト、登場人物、そして作者の意図など、本について話し合うこともあります。↓**要するに、教師や他の読み手は、臨機応変にやり方を変えることが大切だということです。目的や対象や状況を考慮せずに、決まった方法だけでやり続けるのは、教育的活動をしているとは言いがたいというわけです。**

でも「対話読み聞かせ」では、読み進む過程で話し合います。この方法がいいのは、読み進みながら、子どもたちがどのように意味をつくり出しているのかを把握できることです。そして子どもたち同士が相互にどう助け合うのかも見られます。これは、特に理解度の低い子たちにとっては大きな助けとなります。↓**他の子たちの解釈を通して、理解することができますから。**

対話読み聞かせや、（第四章で紹介する）「いっしょ読み聞かせ」の形で、読み聞かせをしている最中に、子どもたちにペアや小グループで話し合う機会を提供すると、読んでいることについて一層よく考えるようにもなります。

教師（や他の読み手）が子どもたちの参加度を増すことができれば、子どもたちの学力は向上します。

子どもたちは相互に話し合う機会が与えられると、教師とのやり取り以上に、聞いたり話したりする機会が提供されます。子どもたち相互の話し合いと、それを通して考えることが、読んでいる内容の理解を助けるのです(2)。

そして、ラウトマンは読み聞かせで扱える題材は、絵本に限らず、フィクション、ノンフィクション(3)、詩など(4)があることを強調したうえで、「読み聞かせをしている時に、何度か止まって、子どもたちにペアで話し合わせてみてください」と呼びかけています。それぞれを扱う際の問いかけ方も提示してくれています。(同右、五三ページ)

○フィクション

・次はどんなことが起こると思いますか?

・なぜ主人公/登場人物はこのように振る舞っていると思いますか?

・この物語はどのような終わり方をすると思いますか?

○ノンフィクション

・著者(やイラストレーター)が情報を面白い形で提供してくれているのは?

・学んだことは?

・浮かんだ疑問や質問は？
○詩
・浮かんだイメージは？
・特に好きな言葉は？
・他の言葉の特徴で気づいたことは？

そして、単に問いかけて終わりではなく、自分も含めて教室全体が常に成長し続けるために、絶えず評価（観察）を怠らず、自立した読み手に育てるためのポイントも、以下のように提示してくれています。（同右、五三ページ）

生徒たちの反応の仕方に注目し、それらが自己評価や自己修正的なものか、（証拠を示して）裏づけるものか、あるいは自立した読み手に向かっているかを判断し続けます。そして時には、次のような質問を自問自答してください。
・自分は、生徒たちに自己評価・自己修正させるようにしているだろうか？
・生徒たちが自立した読み手になれるようにするのに、次に自分が教えるべきことは何だろうか？

前記の二つの文献以外の英語の資料に目を通すことでもハッキリ言えることは、最初は彼らも日本で主流の大人しく聞かせるタイプの読み聞かせを中心に行っていた、ということです。しかし、それだけをしていても読める子が増えるわけではないという大きな壁の存在に気づき、どうしたものか悩んだ末に（というか、いろいろな方法を模索したうえで）、対話形式の読み聞かせが誕生したようなのです。それは、より明確な目的意識をもって行われ、聞き手である子どもたちが、従来の読み聞かせに比べて、はるかに参加度の高い形で行われるものです。

二　対話読み聞かせを可能にする教師の姿勢

コロンビア大学ティーチャーズ・カレッジが展開している読み書きプロジェクト（前記のカルキンズが三〇年も代表を務めている）の教室では、学年の最初の日から、幼稚園から中学校までのすべてのクラスで、教師は読み聞かせをして、その本について話し合える

場をつくっています。そうすることで、子どもたちは本に対して、深く考え、話し、そこから書くことも学んでいくのです。

カルキンズは、同僚のドナ・サントマンが、三六人の四年生を対象に読み聞かせを中心にしたモデル授業をしているところを紹介してくれています。

サントマン先生は、少し読み聞かせをしては立ち止まり、「隣の人と自分が思ったことを話してみてください」と言いました。すぐに教室は子どもたちの会話で満たされました。

二〜三分経って、サントマン先生は「どんなことを思ったの?」と問いかけました。私は、子ども同士で話したことをいちいち教師が尋ねることを必要だとは思いませんが、このときのサントマン先生は、みんながどの程度のことを考えているのかをまず把握しておきたいと思ったようです。

先生は、隅のほうに座っていて、あまり隣と話していなかったネイディーンを指名しました。ネイディーンは何も答えることがなかったようです。「この話から何を考えたの?」と尋ねても、肩をすくめて、少し笑って、「特にありません」と答えました。

（『リーディング・ワークショップ』、一四四ページ）

通常の授業で行われるように、「私をあてて」「僕をあてて」と手を挙げて訴えている子どもの中の誰かを指名することで円滑に授業を展開することを選択することもできます。しかし、ティーチャーズ・カレッジの読み書きプロジェクトの指導者たちは、あえてそうしません。子どもたちに問いかけることが大切なのではなくて、すべての子どもが本に書かれていることについて考え、反応できるようにすることを重視しているからです。

もし、発言したい子どもたちだけに注意を向けて授業を進めてしまったとしたら、ネイディーンのような子どもたちを教えたことになるでしょうか？　このような子どもたちにはどうやって教えていけばよいのでしょうか？（同右、一四五ページ）

サントマン先生は、自分も他の人の話を聞いている時に、心がどこかに行ってしまって、ちゃんと聞けていないことがあることを告げ、このクラスの中にも自分と同じ体験をもっている人がいるでしょう、と問いかけたのです。教師が聞くことに集中できなかった体験を披露したので、子どもたちも安心して自分の体験談を紹介することができました。そのやり取りの最後に、サントマン先生は「この教室での問題を知っておくことは大切ですね」と確認したのです。

カルキンズは、以下のように付け加えています。

おそらくどのクラスにも、読み聞かせの時間にウトウトしたり、窓の外の木にいる鳥たちを眺めたりしている子どもたちがいるはずです。そして、いったん心がよそへ行ってしまうと、しばらくして読み聞かせの本に戻っても、既にその話についていくのは難しくなってしまっていることが多いのです。読み聞かせのときにどんな情景も浮かばない子どもたちは、自分一人で読むときにはもっと読むことに苦労することになります。

（同右、一四六ページ）

そうならないようにするためには、いったいどうしたらいいのでしょうか？

サントマン先生が、実際にしたことを紹介してくれています。

問題が明らかになったので、集中して聞くためにはどうすればよいのかをみんなで考えたのです。そして、次の三〜四日間、読み聞かせの時間に全員が読み聞かせを集中して聞くことと、読まれている本の中で何が起こっているのかを心に描くことを中心に学習したのです。

毎日、先生はときどき読み聞かせを中断して、「先生の心の中には、浮かんできたことがあります。みんなも、それぞれの心の中に浮かんできたことを隣の人に話してみてください」と言いました。子どもたちが三分ぐらい話したところで、先生は自分の心の中に浮かんだことを子どもたちに話したり、あるいは読み聞かせを再開したりすることでペアでの話し合いを終わらせました。その際、どういう話だったのかを思い出せるように、一〜二段落ほど戻って読み始めていました。（同右、一四六ページ）

サントマン先生が行っていることは、何も特別なことではありません。でも、ここから、「本について話せるようにしっかり聞く方法」をクラス全体で考えているという様子が感じられます。つまり、本についてよく話せることは、よく考えられる／理解することと同じだということです。

三　対話読み聞かせの準備の仕方

もっともシンプルな形で、対話読み聞かせの準備の仕方を説明してくれているのがジョン・オフラハヴァンの「対話読み聞かせ／対話的な読者」という資料だったので、それを紹介します[5]。

オフラハヴァンは、対話読み聞かせは従来の読み聞かせに比べて、生徒たちにははるかに責任をもたせる方法だと言います。つまり、本当に読む体験に近い形で自分の考えたことを共有する形で展開します。従来の読み聞かせの主役は誰かというと、どう考えても教師と言わざるを得ない部分があります。すべては教師がしてしまい、生徒は単に聞くだけですから。それに対して、優れた読み手は読むことで考え、自分の理解を確認し、立ち止まって自分が読んだことについて考えたり、修正したりして、さらに読み進めます。従来の読み聞かせでは、立ち止まって考えることはありません。それは、読み手である教師が内容をすでに全部把握しており、分かりやすく読みさえすれば、聞き手全員が理解できるという前提で行われているからです[6]。しかし、実際はいろいろな子どもたちがおり、助けが必要だったり、立ち止まって考える必要があったりするわけで、それを可能にするのが「対話読み聞かせ」なわけです。

ステップ1…目的に適った本か文章を選ぶことが第一段階です。教師の考え聞かせ（第三章を参照）を効果的に見本として示せ、子どもたちの話し合いを引き出せる本や文章が望ましいです。

ステップ2…全員を集めて、読み聞かせをすることを告げます。しかし従来のとはちょっと違って、単に聞くだけではなく、考えること、そして言いたいことがある時には「ストップ」や「待って」と言って読み聞かせを止めることを説明します。

ステップ3…最初から、子どもたちも「ストップ」や「待って」は言いづらいので、教師が見本を示します。自らが「ストップ」ないし「待って」と言って、読んだところで考えたこと、イメージしたこと、予測したこと、浮かんだ疑問や質問などを紹介します。要するに、第三章で紹介する「考え聞かせ」をするのです。そして、「続けます」と言って読み聞かせをし、このサイクルを少なくとも二〜三回は続けて、子どもたちが言い出しやすい環境をつくります。

ステップ4…読み聞かせながら、考えたことや気づいたことを発言するように子どもたちを誘います。しかし、「教師がしていることを中断してはいけない」とこれまで指導されてきていますから、なかなか「ストップ」や「待って」とは言えません。すぐにはできなくても諦めずに、見本を示し続けてください。徐々にできるようになります。そして、五七〜五八ページで小学一年生の事例を紹介したように活発な話し合いすらできるようになります。

以上の説明だけではなかなかやれそうと思える人は少ないかもしれないので、それぞれのステップに補足の説明を加えていきます。

まずステップ1は、単に本の選出と捉えるよりも、それを含めて「計画」と捉えた方がいいかもしれません。読み聞かせは基本ですから、最低でも一回は事前に読む必要があります。その際、自分がその本が好きであり、楽しんでいることが伝わるように読むことが何よりも大切です（詳しくは、第一章の「読み聞かせ」を参照）。さらには、ステップ2以降では考え聞かせ（最初は教師による、後には子どもたちによる）が中心になりますから、（そのための準備は第三章に詳しく書いています）どこで、どのような考え聞かせをするかを指導の目的を踏まえながら予め考え、付箋などにそのメモを書き出して絵本等に貼ります。どこで、ペアや小グループでの話し合いをしてもらうのがいいかも予め決めておきます。できるだけ全員が考えを出せるようなところです(7)。

さらには、読み終わった段階での振り返りの仕方や評価の仕方、そして願わくは、一冊の本単位で考えるよりも、シリーズの本として（ユニットやテーマ・レベルで）考えた方が生産的でもあります。すべては達成したい目標から考えるということです。

ステップ2では、もし読むことが、理解すること／考えることなのであれば、それを実現する読み方を教える必要があります。最初から最後まで読み聞かせをしてしまうよりも、教師や生徒が止まって考えを表明したり、交流したりする方が、目的である「理解すること／考えること」が確実に実現するなら、そういう選択をした方がいいことを意味します。

もちろん、読み聞かせをしていて、子どもたちが「理解すること／考えること」が実現していると判断する場合は、あえて考えていることを紹介したり、交流したりする必要はありません。しかし、読み手がしっかり判断しないと、聞き手たちが「理解すること／考えること」なしに（あるいは、希薄なままに）最後まで読み聞かせをしてしまう場合もあり得ることを認識していないといけないわけです。

ステップ3では、教師がまずは、考え聞かせをすることで、読んでいる時に「理解すること／考えること」を見本として見せます。そして、徐々にその役割を子どもたちに転換していくのです(8)。

ステップ4では、子どもたちは静かに聞くことに慣らされているので、教師が読んでいる最中に「ストップ」と言って、最初のうち自分の考えや疑問などを言える子どもは少ないかもしれませんが、練習次第で徐々に増えます。他の人の考えを知りたいですし、慣れれば言えるようになるものです。その方が理解や考えが深まったり、広がったりすることが分かるからです。

教師の役割は、子どもたちが自由に考えたこと、感じたこと、理解したことを言えるような環境をつくり、かつサポートすることです。その具体的な方法の一つは、ペアでの話し合いです。人前で自分の考えや感じたことなどを発表できる子ども（大人も！）は限られていますが、話す相手が一人か二人なら、ほとんど誰もが発言できます。しかも、一度口にしてしまうと、その後にたくさんの人を対象に話す時も言いやすくなります[9]。

これが、「読むことは個人的な営みである」という錯覚に陥ったままだと、なかなかこのような機会を子どもたちに提供してあげることはできません。しかし一方では、「本を読むのには（最低でも）二人が必要」と言い切った人もいます[10]。結果的には、各人が自分の判断で、どう考えたり、どう理解したりするのかを決定するとしても、それに至る過程で自分以外の多様な考えや理解や疑問等を聞いた方が、最終的な決断を下す時に、よりよい判断を下せる可能性が高まります。あなたは、これに費やす時間を無駄な時間と捉えますか？ それとも、価値ある時間と捉えますか？ あなたには常に選択があります。

このペアでの話し合いは効果的だからといって、一度にあまりたくさんやりすぎると、子どもたちも飽きてしまいます。三〜四回を上限に設定して計画してください。また、話す相手が誰かということも大事なので、注意して選んでください。（ペア読書およびブックパートナーの作り方については、『読書家の時間』の第八章、特に一三九〜一四四ページを参照してください。）さらに、対象によっては、ペアでの話し合いがどのように見えるかを見せた方がいい場合もあります。これには、「金魚鉢」という方法が使えます。うまくできているペア（ないし、教師と誰か生徒一人）が真ん中に座り（つまり、金魚役になり）、残りの生徒たちは真ん中の二人がどんな話し合いをするのか（鉢役になって）周りに集まってよく見る／聞く方法です。（詳しくは、『読書がさらに楽しくなるブッククラブ』の中で小学一年生が金魚鉢をしている事例が一六八〜一七〇ページに紹介されていますので参照してください。）

また最初のうちは、可能な言葉を全部網羅しているわけではありませんが、以下のような「言い始めの言葉」を使うことで、子どもたちに話し始めるきっかけを提供する助けになります（『リーディング・ワークショップ』の一四八ページ）。

・気づいたのは、
・一つ浮かんだイメージは、
・思い出したことは、
・好きだった箇所は（嫌いだった箇所は）、
・どうしてかな？と思ったのは、
・もし、そのことが起こらなかったら、
・驚いたのは、

・理解できなかったのは、
・ずるいな（ひどいな）と思ったのは、
・自分が思っていたことが変化したのは、

四　時間の経過と共に、することを変える

計画し、そして実行する際は、年度内のいつ頃、どんなことをするのかというタイミングもとても大切です。状況が変わっても同じことをやり続けていては、進歩がないことを意味しますから。カルキンズは、『リーディング・ワークショップ』の中で、その目安も次ページの表のように紹介してくれています（一四二ページを一部修正。斜体は筆者）。
年度当初は、すでに本文でも紹介したように表の左側に書かれているような内容で行います。しかしこれを、年間を通してやり続けては、まったく成長がありません。そこで、年度の中盤ぐらいから（最悪でも、終盤には）、右側のようなことを実現できるように教師も子どもたちも努力するのです。すでに紹介した『読書がさらに楽しくなるブッククラブ』の中では、小学一年生も右側が十分に実現できることを証明してくれています（一六

（年度の）最初は	時間の経過と共に
・子どもたちは、読み聞かせの時間に読んでもらった本について話す。	・子どもたちは、自分で読んだ本について話す。
・教師は子どもたちがうまく話せるようになるために、その足場となる土台づくりができるようにサポートする。	・子どもたちが主体となって話し合いを行う。
・学校で、今、読み聞かされた（あるいは読んだ）本について話す。	・家で読んだ本について話す。
・主に話すことを通して考える。	・話すことと書くことを通して、考え、理解を深めていく。
（だいたい２～３ページ読むごとに）中断して話すという活動が入る。	・まとまった量を読んだあとで、あるいは１冊を読み終わったあとで話す。つまり、まとめたり、要約したりしながら読むという部分が増える。これは優れた読書家が行っている読み方でもある。
・（一つか二つの大きなテーマを特に限定せずに）様々な点について話をする。	・一つか二つのテーマを中心に、それについて時間をかけて探究し、それをより深めて発展させていく。
・*主にはペア（あるいは、クラス全体）での話し合いが中心　～　教師がコントロールしている度合いが高い。*	・*主には、ブッククラブ（３～５人）の話し合いが中心　～　子どもたちが自立した読み手になっている度合いが高い。*

表１　時間の経過と共に変わる教師と子どもの取り組み

〇～一七一ページ）。ましてや、小学校中学年以上だと子どもたちはブッククラブをすることが大好きで、中身もかなり深まります（同右、一三四〜一五九ページ）。

表の右側に移行するということは、書くことが重要な要素を占めはじめることに気づかれた方もいると思います。そうなのです、従来の読み聞かせのように、単に聞いていればいい読み手に必ずしもなるわけではないのです。話すことや書くことも聞くことと同じレベルか、あるいはそれ以上に重要なのです。このことをカルキンズは次のように説明してくれています。

読み始めの初期には、本についての考えを深めるための最適な方法は、話すことです。（→**彼女は、聞くこととは言っていません！**）ですから、本の最初の二〜三章を読んでいるときには、自分の思ったことを自分のブックパートナーに話してみるように促します。しかし、しばらく時間が経過すれば、ブックパートナーと話す代わりに読書ノートを開いて、心に浮かんだことを書き留めるようにするのです。

「これまでのように、話す代わりに読書ノートに書いてみましょう」と言ってください。子どもたちが二〜三分書いたあとで、「本についていい話し合いができそうなことをノートに書いた人はいませんか？」と尋ねてみましょう。このような方法を取ることで、書くという方法もあることが教えられます。書くことでも、考えを深めることができて、本についてのいい話し合いを生み出すこともできます。

ここで強調しておきたいことは、書くことは、すでに話し合ったことを記録するためではなくて、考えを創造し、さらなる話し合いを生み出すために行うということです。この違いは重要なことです。というのは、子どもたちがうまく本について話す（書く）ようにするためには、お互いの考えを単に報告するだけでなくて、それを発展させていくことが必要だからです。（『リーディング・ワークショップ』、一四九〜一五〇ページ）

右の引用に「書くことは、すでに話し合ったことを記録するためではなくて、考えを創造し、さらなる話し合いを生み出すために行うということです」とありますが、注意しないとここは読み過ごしてしまいます。私たちは、あまりにも前者の形でしか書くことを使う練習をしておらず、後者の体験をもっている人は極めて稀だからです。子どもたちには、ぜひこの価値ある体験をさせてあげてください。生涯を通して役立つ（簡単な！）方法ですから。その意味でも、聞くだけでは大きな損なのです。そして、この点については、同書の第一一章や第一三章でさらに詳しく説明されています。

最後に、評価というか、対話読み聞かせをしている際に観察するためのチェックリストを紹介します。ここでいう「評価」は、子どもたちの良し悪しや出来不出来を把握して、成績をつけることではなく、自分たちがしている活動の質をさらによくするための観点です。子どもたちにとっては、自分のしていることを改善するための、教師にとっては、よりよい指導ができるための。（これがないと、同じところで足踏みをし続けかねないことを意味します。）

五　対話読み聞かせをする時のチェックリスト

①子どもたちは読み聞かせの間を通じて集中して聞き、考えることができる。
②読み聞かせを聞くこととパートナーと話し合うことの二つを素早く切り換えられる。
③話す時はパートナーの目を見て話せる。
④質問をすることで思考を拡張することができる。

⑤自分の発言を物語の特定の出来事や情報に関連づけることができる。
⑥あらすじ、場面、登場人物など物語を構成する主要素の言葉を使いこなせる。
⑦物語を再話[11]できる。
⑧自分の考えを明確かつ簡潔に述べることができる。
⑨相手の発言内容がよく理解できていない時は、説明を求めることができる[12]。

あなたは、このリストにどんな項目を付け加えますか？

対話読み聞かせのいいところは、それをしている過程で、読み手と聞き手の役割が転換することです。子どもたちが語り手になるのです。当初は読み手だった教師が、聞き手になり、子どもたちがよりよい語りができるように、問いかけたり、情報を提供したり、読んでいるものについて語りやすくする（七六ページの）「言い始めの言葉」などを提供したりします。これを繰り返し練習することで、子どもたちはより複雑な思考ができるようになり、教師がすることはドンドン減り、七八ページの表1の右側の状況が実現するようになるわけです。

◎『ひとりひとりのやさしさ』（ジャクリーン・ウッドソン文　さくまゆみこ訳　BL出版）を使った対話読み聞かせの事例

導入　今日は、ジャクリーン・ウッドソンが書いた『ひとりひとりのやさしさ』の対話読み聞かせをします。読み聞かせと違って、考えたことや気づいたことがあったら「ストップ」と言って、ぜひ自分の考えを子どもたちに伝えてください。（ページ数は、見開きで表示。教師の考え聞かせとして書いたものは、あくまでも、子どもたちから「ストップ」と言って発言が出てこなかった場合に用意したものと捉えてください。子どもたちから「考え聞かせ」が出されたら、常に教師のものを言う必要はありませんから。）

（表紙と裏表紙を交互に見せながら）これは、この女の子が誰かに優しいことをしたので、幸せになったというお話でしょうか？

（中表紙を見せながら）でも、この教室の中にある誰かの机と椅子は、タイトルの「ひとりひとりのやさしさ」とマッチしない感じがします。

読み聞かせのスタート

（最初の見開き三ページを読んだ後の考え聞かせ）なんか白い

雪の世界が、主人公の「あたし（＝クローイ）」の黒い＝優しくない気持ちを際立たせている感じがします。雪は、汚いものも含めて、すべてを見えなくしてしまうので。みんなはここまで読んで、どんなことに気づいたり、考えたり、感じたりしましたか？（ここで、近くの人とのペアで話し合わせても、クラスの雰囲気がよければ、何人かに発言してもらってもよい。）

四ページ目の読み聞かせで、仲良しグループが形成されていることが分かる。

五～六ページ目を読み聞かせして、「これでハッキリとクローイをはじめクラスの子たちがマヤを仲間はずれにしていることがわかりました」と考え聞かせをする。

七ページ目の読み聞かせで、マヤは友だちをつくる努力をし続けていることが分かる。

八～九ページ目の読み聞かせの後、ここまでを読んでどんなことに気づいたり、考えたり、感じたりしたか、三人一組で話し合ってみてください。数分間子どもたちに話し合ってもらった後に、教師の感想を述べる。「これでマヤの友だちをつくる努力が終わった予感がします。何よりも、氷や雪が溶けたというのが、象徴的に感じました。」

一〇～一一ページの読み聞かせの後に、「何というタイミングでしょう。マヤが休んだのと、担任のアルバート先生が優しさについてのレッスンをしたことが、です。これまでに優しくしてあげた体験談を他の子どもたちに話させましたが、マヤのことで頭が一杯のクローイは何も言うことができず、パスせざるを得ませんでした。」

一二ページの読み聞かせの後に、「すでにクローイのマヤへの態度は大きく転換していることが分かります。アルバート先生の言葉が、それを裏づけるように。」

一三ページの読み聞かせの後に、「マヤが転校してしまったことが知らされた後の書き方の時間というタイミングで、マヤへの手紙を書けるかな？？　言葉が出てくるかな？」

一四〜一五ページを読み聞かせして、ペアか三人一組で子どもたちに話し合わせる。数分間経った後で、教師自身の考え聞かせを披露する。「帰り道の池で、マヤに言えなかった言葉があふれ出てきた。そして小石をたくさん投げ込んだ。マヤは、小さな優しさを送り続けていたのに、自分はそっぽを向いていた。そして、いま自分がしてきたことに気づいて、マヤの優しさに応えようとしても、それを返す相手はいなくなってしまっていた。これからのクローイはどうなるのかな？　マヤのおかげで少しは優しさについて考えることができたクローイ。マヤをひどく傷つけてしまったことで、優しくなることの大切さに気づけたクローイ。表紙と裏表紙から私が予想したことは、まるで外れていました。」

そして最後に、「奥付のページのJ．W．（ジャクリーン・ウッドソン）の献辞から、優しさを提供してくれたことが、この本を作者が書く動機づけになっていたことが窺われますし、E．B．ルイスのイラスト（アルバート先生が子どもたちに石を落とさせた洗面器）が、この本のテーマを表しているように思います」と教師の感想を述べる。

この後、①クラス全体で、②少人数で話し合うか、③一人で書くいずれかの形で、読んだ全体の感想を振り返ってもらうことができます。対象の状況やタイミングや与えられている時間などによって選択できます。

子どもたちの中には、教えなくても自分で読むためのスキルを身につけられる子たちがいます。しかし、少なくとも半分ぐらいの子どもたちは、教師を含めた大人がしっかりと読むスキルを見本で示したり、教えたりしないと身につけられません。そのための方法として読み聞かせでは不十分なので、対話読み聞かせがとても効果的なのです。

何よりもよいのは、対話読み聞かせによって、子どもたちのニーズと、教師として教えたいことを踏まえて幅のある読み聞かせが実践できるようになることです。（対話読み聞かせに、第三章で紹介する考え聞かせや、第四章で紹介するいっしょ読み等まで加えると、教師の持ち駒はさらに多様になります！）

ポイントは、教師（や親などの大人）が押し付ける内容の話し合いをするのではなくて、子どもが思ったことや気づいたことを（五七〜五八ページの例で見たように）自由にドンドン話させることです。

対話読み聞かせの利点をおさらいすると、次のような点と言えます。

・多様な種類の文章を読む楽しさを味わわせることができる。
・理解のための方法や文章を読む際の方法を示すことができる。
・話し手は、聞き手の発言をよく聞いて認める。
・内容について価値ある話し合いをペアないし小グループでできるようになる　〜子どもたちは単に聞くだけでなく、より積極的な役割を果たす。
・一緒に読む仲間（読みのコミュニティー）意識を高める。
・他者の発言も参考にしながら、各人が自らの解釈をつくり出せるようになる。
・一人読みへの興味関心と資質を高める。

・どのように子どもたちの考えや理解を引き出すか事前に周到に準備する　～しかし、実際に始めたらシナリオ通りに進めるのではなく、子どもたちの反応を大切にしながら、臨機応変に進める。

ビデオ（子どもたち対象のモデル）

Interactive Read Aloud / Reading Workshop

Repeated Interactive Read-aloud in Kindergarten

Dialogic Reading Project, YouTube

Interactive Read Aloud Non-Fiction 2nd.mov

注

(1) 対話読み聞かせは、interactive reading, interactive read-aloud, dialogic reading などの言い方があります。

(2) Reading Essentials、五二ページ

(3) ノンフィクションには、新聞や雑誌の記事、あるいはネット情報なども含まれます。また、ノンフィクションは、最初から最後まで読む必要もありませんから短時間で扱いやすいという利点もあります。

(4) 他の選択肢としては、とにかく楽しかったり、面白かったりする内容や、文字なし絵本なども含まれます。なお、文字なし絵本を使った多様な読みの教え方は、『増補版「読む力」はこうしてつける』で紹介されています。

(5) 出典：Interactive Read Aloud/Interactive Reader by Dr. John O'Flahavan
http://www.tolerance.org/sites/default/files/documents/tt_abc_CM3_interactive.pdf

(6) 日本の作文教育も、同じやり方で行われていると言えます。すでに教師も含めて誰もが知っているテーマ（たとえば、運動会、遠足、修学旅行等）がお題として生徒たちに提示され、生徒たちは教師が求めることに近い内容を書くことで競争させられているようなものです。ちなみに本来、作文を書く際も、本を読む際も、何よりも大切なことは（おそらくウェート的に全体の八～九割を占めているのは）、題材選びと選書です。しかしながら、日本で行われている作文教育も、読書・読解教育も、残念ながらこれらを扱わず、それら以外の「些細」な部分に時間とエネルギーを費やしています。

(7) 協力者の一人から次のようなコメントがありました。「ここを読んでステップ1で目指していることと、実際の学校の現状とのひらきを感じました。自分の学校の場合ですが、読み聞かせを継続できない人ほど、選書

ができないという問題があります。この本を使ってどんなことを教えるか、この本でどんなことに興味をもたせたいか、この本からどんなことが学べるか、という視点をもって選書できることを目指したいです。」

(8) 協力者の一人から、「この段階はどこで分かりますか?」という質問がありました。それに対しては、「機械的に、この段階になると可能です」というふうには答えられず、「聞き手の反応を見ながら」読み手が判断するしかありません。この役割の転換(というか、学びの責任の移行)について詳しくは、『「学びの責任」は誰にあるのか』を参考にしてください。

(9) このペアでの話し合いについての追加情報が、検索エンジンで「PLC便り、いい問いかけしてますか?」で検索すると、入手することができます。なお、そこで紹介されている。『ワールド・スタディーズ』には、「活発な話し合いのヒント」として少人数での話し合い以外にも、とても効果的な八つが紹介されており(同、一九ページ)、私は一九八〇年代の後半以降使わせてもらっています。

(10) 『リーディング・ワークショップ』、四〇と七三ページ。他にも、その本の二四〜二五と五八〜六〇ページや、第九章や第一一章などに、話し合うことが読むのを助ける(以上の!?)ことが書いてあります。

(11) 物語がどう展開しているかという、自分なりの要約のことです。

(12) 出典:Kwayaciiwin Interactive Read-Aloud Kits (K-3) by Rachel Rupke
http://www.kwayaciiwin.com/wp-content/uploads/2014/07/Interactive-Read-Aloud-Guide-Final.pdf

第三章　考え聞かせ

～読み手の頭の中で起こっていることを声に出して紹介しよう

一　子どもたちを読むこと好きにし、読む力をつけるためにおさえておきたいこと

「考え聞かせ」の目的は、教師／司書／ボランティア（＝優れた読み手、ないし子どもよりは数歩前を行く読み手）が読んでいる時にどんなことを考えているのかという見本を示し、ゆくゆくは子どもたちが同じことができるようにサポートすることです。

私に、この必要性を認識させてくれたのは、次の一節です。

以前の私は、子どもたちが分かりそうな本を上手に読み聞かせさえすれば理解される

ものだと思っていました。しかし、それは事実とはかけ離れたものであり、教師の希望的観測にすぎないということが分かりました。読み聞かせの途中、子どもたちが話したいことがたくさんあるだろうと思ったところで中断しても、何も話すことのない子たちがいることに気付いたのです。（『リーディング・ワークショップ』一四四ページ、再掲）

同じような体験をもたれている読者は、多いのではないでしょうか？　せっかく、読んで（あげて）いるのに、考えていない、イメージが浮かばない、感動しない…子どもたちがいると思った体験を。そのような子たちに、繰り返し読み聞かせをし続けて、この問題が解決するかというと、残念ながら、ほとんどの場合は解決しません。その理由は、右記の引用のすぐ次にある、

読み聞かせをされた本に反応するためには、まずしっかりと聞いて、心の中にその話の世界を思い浮かべることが必要です。しかしながら、読み聞かせを聞いても（あるいは自分で読んでも）心の中に何の情景も浮かばない子どももいるのです。（同右、再掲）

情景を浮かべられないだけでなく、問題は他にもあります。読み聞かされている内容について、

・自分や身の周りにあることなどと関連づけられない
・疑問や質問を考えられない
・行間を読めない（文字としては書いていないが、作者が言いたいポイント。推測する必要がある！）
・前後を考えながら読む楽しみを味わえない
・何は大切な（覚えておく必要がある）情報で、何はそうでないかの判断ができない
・自分の理解を修正しながら聞くこと（読むこと）ができない

などがあります。情景（イメージ）を浮かべることも含めて、これら（一般的には、「理解のための方法」と呼ばれています）について詳しくは、『増補版「読む力」はこうしてつける』を参照してください。具体的な教え方や示し方がたくさん紹介されています。

理解のための方法やその他読む際に使う方法を、教わることなく、自然にできるようになる子どもたちがいる一方で、教わらないとなかなかうまくできない子たちも結構多数い

ることを認識しないと、子どもたちを読むこと好きにしたり、読む力をつけてあげたりすることはできません。前ページにリストアップしたようなことができないと、なかなかうまく読むことができないからです。従って、読むこと自体も楽しめません。場合によっては、読み聞かせが読むことを嫌いにする時間になりかねない、ということもあり得ます[1]。

自慢ではありませんが、私自身、理解のための方法をあまりうまく使いこなすことができませんでした。（大学院を卒業するまで、絶対的に読む量が少なすぎたのが大きな理由かもしれませんが…。）たとえば、国語の授業で先生に「行間を読むんですよ」と言われても、「行間は、真っ白です」としか答えられず、それがどういうことかも長年分からないままでした。

読み聞かせをしているだけでは問題の解決にならないことを、かなりの部分解決してくれるのが、この「考え聞かせ（think-aloud）」という方法です。

考え聞かせは、読み聞かせをしながら、読み手が読んでいる時にどんなことを考えて理解して（あるいは、楽しんだり、時にはもがいて）いるのか、聞いている者には見えない頭の中がどのように働いているのかを、さらけ出して見せてあげることを意図して考え出された方法です。

この方法を活用するかどうかという判断は、読むという行為をどのように捉えるのかとも大いに関係します。日本において読むという行為についての主流の捉え方は、いまだに「受信すること」です。大学等では、多くの教授がそのように講義をし続けています(2)。確かに、書くことと比較すると、そうならざるを得ないかもしれません。書くという「主体的」な行為によって生まれた産物がないと、読むという行為はあり得ませんから。しかし、それが受動的な行為かというと、ほとんど書くのと同じレベルで「主体的かつ積極的」な行為なのです。読むという行為について、ボクシングや相撲や剣道と同じように、〝アクション・スポーツだ〟と言い切っている人たちさえいます。それらのスポーツと読むことの違いは、「頭も含めてからだ全体で行われているか、頭の中だけで起こっているかの違いだけだ」と主張しているのです(3)。

スポーツの場合は、考えている結果の多くがからだの動きと一致していますから、見えやすいのですが、読むことに関しては、頭の中で起こっていることですから、まったく見えません。それを見えやすくする方法が「考え聞かせ」であると捉えていただけると分かりやすいのではないでしょうか。

やり方は、きわめて簡単です。対象にとって適切な本（それには、一人で読む時よりは若干レベルが高いことも含まれます）を読み聞かせしながら、読み手が必要性が高いと判断したところで読み聞かせを止めて、読んでいて考えた疑問を発してみたり、意味を確認してみたり、難しい言葉をどう理解したかを明らかにしたり、自分とのつながりを話してみたり、次の展開の予想をしてみたり、これまで読んだ内容をまとめてみたりするのです（考え聞かせの事例は、一〇〇ページを参照）。

これをすることで、それができていない子には、「ああ、そうすればいいのか～」という見本を示すことができ、すでにできている子には、「自分とは違う形で捉えているんだ」という異なる見本を示すことができます。したがって、誰にとっても、得るものが大きい方法です。

考え聞かせを実際にする時は、次のような文章を完成させることを念頭に入れて習慣化すると、子どもたちも同じことができるようになるでしょう。（これは網羅されたリストではありませんが、優れた読み手は、絶えず、しかし自然に、頭の中で考えていることを表しているので大切です。）

・ここに書いてあることで自分が知っていることは、

・この文章で面白いと思ったことは、

・ここで疑問／不思議に思ったことは、
・ここで自分とのつながりを感じたことは、
・ここで思い描いたことは、
・ここで学んだことは、
・ここで考えさせられたことは、
・ここで思いついたことは、
・ここに書いてあることは意味をなしません。なぜなら、
・私が混乱しているのは、
・次に起こると思う（予想する）のは、
・ここまででもっとも大切だと思うのは、
・ここをもう一度読み直さないといけないと思ったのは、
・ここを読んで、これまでの理解を…のように修正しました
・いま読んだことは、しっかり理解できているかな？
・自分がすでに知っていることとどう関連づけられるかな？

これに類する表現法は、『増補版「読む力」はこうしてつける』のパート2の第六章〜第一一章の末にも紹介されていますから、興味をもたれた方は、ぜひ参照してください。いずれにしても、このような表現を教師が見本で示し続けることが、読むことは考えることの証しであり、表現でもあることを裏づけます。

二　考え聞かせの効果

読むことが嫌いな中学や高校の男子生徒にいかに読むことを好きになってもらい、そして読む力をつけてもらえるかということに焦点を当てて研究[4]と実践をしているジェフリー・ウィルヘルムは、『考え聞かせで理解力をつける 〜 優れた読者がしている見本を見せる（未邦訳）』というタイトルの本を書いており、その中で考え聞かせの生徒へのメリットを次のように整理しています（同右、三三〜三四ページ、カッコ内は読むことが嫌いな生徒たちの状況説明）。

①少なくとも読むことを試してみようと思う（すでに繰り返しの失敗体験によって、読むこと自体を放棄している）

②読むことは楽しく、面白い行為であることを見本で示せる（退屈でつまらない苦役と捉えている）
③教師や優れた読み手も失敗することがあり、それらをどのように乗り越えるかという問題解決のプロセスを考え聞かせの形で見本として示せる（ちゃんと読めば分かるかもしれないのに、それができない自分がダメなのだと思い込んでいる）[5]
④読むことは意味をつくり出す行為だということが分かる（文字面を読むだけで、意味をつくり出すものと思っていない）
⑤書かれていないことまでいろいろと考えることも読むことに含まれている（どこかの有名な人が考えた正解の解釈が一つあって、それを受け入れないといけないと思っている）
⑥多様な読むため／理解するための方法があり、それは身につけられる（知っている／身につけている方法が少ない）
⑦ジャンルに応じて使う方法が若干異なることを知ることができる（同右）
⑧読んだことや理解したことを他の読み手と共有できる楽しいものと捉えられる[6]（読むことは、孤独な作業であり、共有するものではないと思い込んでいる）

⑨自分自身や自分の読みや考えについて知ることができる。このメタ認知(7)的な思考が読む際に使う方法を意図的に学び、そして使いこなせるようにする（読むことが嫌いな生徒は、自分の読みをモニターすることも、自己評価することも、自己修正・改善することもできない）。これができるようになることで、読むのを楽しめる方法を身につけると言える

◎『てん』（ピーター・レイノルズ作・絵　谷川俊太郎訳　あすなろ書房）を使った考え聞かせの事例

私の大好きな絵本の一冊の『てん』（ピーター・レイノルズ作、谷川俊太郎訳）を使った「考え聞かせ」のモデルを紹介します。

すでに少なくとも一回はこの絵本の読み聞かせはしてあり、子どもたちはストーリーをそれなりには知っていることが前提です。（繰り返しますが、子どもにとって、はじめて読み聞かせをする絵本では、考え聞かせはやらない方がいいです。聞き手が、内容を理解することと、教師の考え聞かせの両方に頭がいってしまい、混乱する子もいるからです。）

ゴシック部分が考え聞かせの部分です。例に示してあるように、全ページで考え聞かせをする必要はありません。それは、考え聞かせで何を達成したいのかという「ねらい」によって、判断します。（実際に、する時のポイントは、読み聞かせの部分と考え聞かせの部分を聞き手が混同しないように、はっきり分かりやすくすることです。たとえば、考え聞かせをしている時は、片手を頭の位置に掲げるとか。あるいは、そこまで用意ができるなら、頭の中で考えているイラストを描いたものを掲げるとか。）

表紙を読み、表紙がみんなに見えるようにしながら、

① **この本って、大胆に大きな点を描いてしまうストーリーかな？**

おえかきのじかんが　おわった。

でも　ワシテは　いすに　はりついている。

かみは　まっしろ。

② **自分の小学校時代の図工の時代を思い出します。**

③ **自分の場合は、教室の中もだけど、外に写生に出た時も、真っ白だったな〜。**

④ **描くだけでなく、作る時も‼　（要するに、図工が苦手！）**

せんせいが　なにも　かいてない　かみを

のぞきこんで　いった

「あら！　ふぶきの　なかの　ほっきょくぐまね！」

「やめてよ！」と　ワシテ。

「かけないだけ！」

⑤　なんというユーモアのセンス!!

⑥　これって、この絵本のハイライトの一つ？

⑦　日本の先生で、こんな反応ができる人は、そういない。千人に一人？

⑧　でも、言われる生徒のことはどこまで考えているのかな？

⑨　それとも、ワシテの性格を見越した投げかけ？？

せんせいは　にっこりした。

「なにか　しるしを　つけてみて。

そして　どうなるか　みてみるの」

⑩　なんという、機転の早さ!!　（これは、あらかじめ準備をしていた？？）

⑪　もう、先生の中では、ワシテにかかせる方法が見つかっていたのかな？

ワシテは　マーカーを　つかむと　かみに　ちからいっぱい　おしつけた。

「これで　どう!」

⑫　**ウ～ン、かなり投げやり。**

⑬　**こんなんで、ワシテはかけるようになるのかな?**

という感じで続きます。ぜひ、この後はご自分で練習してみてください。

ゴシック部分は、あくまでも、私が読んだ時に自分の頭の中で思い浮かべたこと＝考えたことです。同じものを読んでも、人によって考えることや思い浮かべることは違うと思いますから、読み手の数だけ出てくる可能性があります。

したがって、それらを共有し合うことは、とても価値があるわけです。

そして、そのように考えたり、思ったりした根拠を明らかにし合うことも。

すでにお気づきの方もいると思いますが、これは単に読み聞かせをすることとはまったく異なった体験というか、学びを意図した活動です。読み聞かせをしている限りは、聞いている各人が何を考えたり、想起したりして聞いているのかは一切分かりません。読み手は、自分が考えているのと同じと思い込んで読んでいるのではないでしょうか?　でも、そうではないのです。多様ですし、九二ページですでに紹介したように、中には何も考えられない、イメージできないという子すら目の前にはいるのです。もし、それが分かっている状況で、読み聞かせだけをし続けることは、どのような価値があるのでしょうか？

『てん』の事例に戻ります。①～⑬までの私の考えを分析してみましょう。

①→質問であり、絵本全体の内容を推測しています。

②→自分に引きつけて考え、関連づけをしています。

③④→自分の小学校時代をなつかしく思い浮かべながら（イメージしながら）、自分のダメさ加減を嘆いています。

⑤⑥→⑤は、教師の反応に驚嘆しつつも、この本で何が大切なのかを見極めています。かといって、自信があるわけではないので、⑥は、自分の解釈を疑っています。

⑦→日本の状況に関連づけながら、質問／推測しています。

⑧→今度はワシテの立場に立って、こんなこと言われたらどういう気持ちがするかな？と教師の発言を批判的な観点で捉え、そして質問しています。

⑨→教師はそういうワシテのことをお見通しなのかな？　と推測しています。

⑩⑪→⑩は、再び教師の反応に驚嘆しています（つまり、解釈しています）。そして、続

けて⑪では、その延長線上に推測しています。
⑫→ワシテの反応を判断（解釈）したうえで、続く⑬では、今後の物語の展開と教師の思惑を心配した質問／推測をしています。
まだ、最初の数ページですが、これだけの中に、文章や物語を「理解のための方法」のうちの六つを使いこなしていることが分かります（使いこなせないと、楽しめませんし、絵本の中に入り込めません！）。ちなみに、人が理解する時に使っている方法は（すでに、九三ページで紹介しましたが、極めて大切なことなので再掲します）、

① 自分や、他の読み物や、世界とのつながりを見出す
② イメージを描き出す
③ 質問をする
④ 作者が書いていないことを考える（つまり「行間」を読む）
⑤ 何が重要かを見極め、他の人に説明できる
⑥ さまざまな情報を整理・統合して、自分なりの解釈や活かし方を考える
⑦ 自分の理解をチェックし、修正する

です。

最後の「自分の理解をチェックし、修正する」が前記の『てん』の例に含まれていなかったのは、まだこの物語を読み始めて数ページしか読んでいないことが理由と捉えることができます。この七つの方法＝「理解のための方法」について詳しく紹介した本が『増補版「読む力」はこうしてつける』と『理解するってどういうこと？』ですので、ぜひ参考にしてください。これら抜きに読書教育は考えられませんし、国語教育も考えられません。（ちなみに、国語の学習指導要領でも、ほとんどには言及していません。しかし、教科書レベルになると、これらのほとんどが軽視され、特に、関連づけ、質問する、自分の理解をチェックし修正するあたりは弱い気がします。）

三　なかなか理解できない文章を読む時にこそ真の価値がある「考え聞かせ」

やさしい（＝理解するのに何の支障もない）文章を読む時は、「理解のための方法」は自動的に使っています。それに対して、一度や二度読んでも理解できない文章の時にこそ「理解のための方法」はその効力を発揮し、それらすべてを総動員して何とか理解しよう

とします。

　時には、聞き手にはかなり難しい文章をあえて選んで、優れた読み手はそういう文章を理解する時にすることをモデルで示すのも大切です。具体的には、確認するために読み直したり、一度読んだところに戻ったり、読んでいることがどのような状況の中で言われていることなのかを考えてみるなども「考え聞かせ」しながら示すのです。

　今となっては、なぜ『心のなかの身体』（マーク・ジョンソン著、紀伊国屋書店）を図書館から借りてきたのか覚えていませんが、何かの本の参考文献として挙がっていて、タイトルにひかれて借りたのだと思います。しかし、本を開いて最初の序文の一ページを読んで、投げ出してしまいました。

　こんな難しい内容の本は、自分にはとても読めないと判断して、次の日には図書館に返してしまったのです。しかし、数か月後に、理解できない文章を扱った考え聞かせの典型例としてなら使えるのではと思って、また図書館から借りてきて、何回か繰り返し読み、そして「考え聞かせ」をするために自分が読みながら考えたことを書き出すことで、かなり理解できるようになったから不思議です。（繰り返し読むことのパワーと、「読んで、考えて、反応を書く」ことの効果を改めて認識した次第です。たとえ興味がもてないテーマでも、目的が鮮明になると、かなりの理解は図れますから、教科書等を使った読み聞かせに応用できると思いました[8]。多くの生徒にとっては、私にとって『心のなかの身体』の文章がそうだったように、教科書の中身はほとんど「外国語」という状態ではないでしょうか？）最初は悪文と思ったものも、なんと、普通の文章に見えてきました！

以下に、私が考え聞かせを行った時のものを見本として記しますので参考にしてください。カッコの中が、私が考えたことで、カッコの中を読んでいる時はそれが考え聞かせであることが分かるように、片手を挙げて読みました。

意味と合理性の理論に生じた危機（このタイトル、まったく意味をなしません！）

想像力がなければ、そもそも何ものも意味をもちえないだろう。（なんと大きな文章！　でもホントかな？　これがこの本の主題？）想像力がなければ、われわれは自分たちの経験の意味をとることがまったくできないだろう。（前出のコメントと同じ）想像力がなければ、現実の知識（この「現実」の知識が何を指すのかよく分からない）にたいして根拠を与えることができないだろう。本書はこれら三つの、議論の余地ある主張を綿密に論じかつ擁護する。（やっぱり！　十分に「議論の余地」があると思いました）本書は、意味、理解、推理（この三つが並列するのがよく分からない！　私は「理解すること＝意味をつくり出すこと」と捉えているので。また推理よりも推測の方がいいような気がする。単なる訳の問題？）のすべての面で人間の想像力が果たしている中心的役割を探求する。

今日最も有力な意味と合理性の理論（そんな理論があったんだ!!）のどれをとっても、それが想像力を真剣に扱っていないという事実にはまったく驚かされる。意味論の標準的な教科書（教科書まであるんだ！　誰が勉強するのかな？）や合理性にかんする最も影響力のある研究のどれをとっても、想像力が議論されている形跡は見出せないだろう。（最初の一行で書いてあることに戻っている）もちろん、これらの著作は想像力が発見、発明、そして創造において役割を演じている点を認めている。だが、合理性の構造（どんな構造なのか、それこそ想像がつきません！）に不可欠なものとしてみなして想像力を探求することは、まったく行なわれていないのだ。（『心のなかの身体』（マーク・ジョンソン著、紀伊国屋書店、序文）

いかがでしたでしょうか。たぶんあなたも似たような疑問等をもたれたことでしょう。

（あるいは、最初からすんなり理解できてしまいましたか？）しかし、繰り返し読むことで理解できたり、解釈が深まったりするのです。このことの重要性はどんなに強調しても、しすぎるということはありません[9]。

この極めて単純な方法を知らない（使わない）ことが、多くの人が読むことを嫌いになったり、読むことから遠ざかったりする原因になっているのです。実際、多くの職業人たちは、分からない文章に出合った時には繰り返し読むことでそれを乗り越えているのです[10]。

四　考え聞かせに正解はない

これは何度強調しても、しすぎということはないので繰り返しますが、考え聞かせに正解はありません。文学作品はもちろんのこと、ノンフィクションや新聞記事や詩やオンライン情報など、すべて読んで何を考えるかは読み手の自由です。たとえ書き手サイドに、こういうふうに思ってほしい、考えてほしい等の思惑があったとしても、そんなことは関係ありません。読んだもので何を考えるかは、あくまでも読む側の自由です。

読むという行為は読み手とそこに書いてあるもの（イラストや写真も含めて、本や文章などのテキスト）との共同作業であると主張した研究者の一人にルイーズ・ローゼンブラットがいます。彼女は「作者が書いたテキストは、読者が読んで意味をつくり出すまでは紙に落ちているインクに過ぎない」と言いました。つまり、読者によって解釈され、意味がつくり出されて初めて作品になるというスタンスなのです。これは、私自身も含めて多くの人がその弊害を受け続けている国語の授業で捉えられているアプローチとは正反対です。私は、国語で正解の解釈を押し付けられるのが嫌で、読むことが嫌いになりました。しかし、このローゼンブラットの立場や「考え聞かせ」のアプローチなら、誰も正解はもっておらず、正解の解釈に苦しめられずにすみます。これによって、どれだけ多くの子どもたちが救われることでしょう。

読むことは、読み手とテキストとの共同作業であるということに興味をもたれた方は、彼女の主張を中心に一章を書いている『増補版「読む力」はこうしてつける』の第三章「反応をベースにした読み」をぜひ参照してください。

五　聞き手に「考え聞かせ」をするチャンスを提供する

研修等で大人（教師や司書）を対象にする時に私がしていることですが、先に紹介した『てん』の続きの部分を書き出したものを配り、それを読んでどのようなことを考えたか書き出してもらうのです。そして書き終わったら[11]、三〜四人のグループで互いが書いたものを共有し合ってもらいます。そうすることで、似たような反応をすることや、まったく違う反応をすることもあることを身近に感じてもらえます。

実際に子どもたちを対象にする時には、年が上の子どもには前述の方法が使えるかもしれませんが、小学校の低学年以下では難しいので、読み聞かせをしながら、予め予定していたところで、どんなことを考えたのかを、ペアないし三人一組で紹介し合ってもらう方法が使えます。その際は、考えるページがしっかり見えるようにしておくか、ＯＨＣを使って大きくスクリーンに映し出されるようにした方がいいでしょう。

書いてもらう方法のいい点は、記録に残ることです。口頭で言うだけだと残りませんから、教師がその場にいない場合は、フィードバックのしようがありません。

子どもたちの練習は、最初はペアや三～四人のグループでするのがいいでしょう（対象年齢が少し上がれば＝自分で書くことができれば、一人でも可）。そして、考え聞かせを練習してもらった後には、やりっぱなしにせずにフィードバックをすることが大切です(12)。最初のうちは、正解や間違いがないとは言っても、その方向性でいいのかどうかということはありますから。

六 ペアで交替考え聞かせ

生徒がペアになって自分たちで読み聞かせをしながら、同時に交替で考え聞かせをするという方法です。順番に交替してするので、前に相手が言ったことが反映されることもあり得ます。（もちろん、無視をしてもいいわけですが…。）その分、聞き手はよく考えることになります。単に書いてある文章のみを解釈すればいいのではなく、自分やペアが言ったことも踏まえつつ、自分の考えをつくり出していかなければならないからです。その分、確実により考えます。また、常に考える役だけでなく、交互に相手の考えを観察／評価する役割を担うことも、考え聞かせを身につけるうえでは役立ちます。

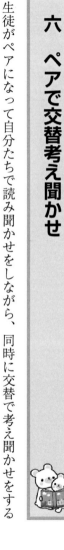

発展の活動としては、最後まで読み終わったら（考え聞かせをし終わったら）、自分たちがしたことを振り返り、自分が挑戦したことや、学んだことや、よかったことや、改善を要する点などについて話し合ってみるといいでしょう。

なおこの活動は、交互に書き出す「交換ジャーナル」の形でもできますし、対話読み聞かせの中に入れてすることもできるでしょう。

七　対話考え聞かせ

対話考え聞かせは、最初のうちは教師ないし他の大人が「考え聞かせ」の見本を示した後で、残りは子どもたちに「考え聞かせ」をしてもらう方法です。（もちろん、考え聞かせの方法に子どもたちが慣れていたら、教師が見本で示すところは省いて、最初から子どもたちの考え聞かせに入ってしまってもいいでしょう。）

対話考え聞かせをする時の教師の役割は、コーディネーターというかファシリテーター（進行役）です。読み聞かせの部分は、教師がすべてやります。どこで止まって、考え聞かせを子どもにさせるかを予め考えておきます。（しかし、すべてを事前に考えたシナリオ通りに進めるのではなく、子どもたちの反応を踏まえながら予定にはなかったところで止めて、考え聞かせをさせたり、逆に、飛ばして次に進んだりしてしまうように、臨機応変に対応できることこそが優れたコーディネーター／ファシリテーターであることを忘れないでください！）

あるところでは、一人の子どもにしか言わせないこともあるでしょうし、別なところでは複数の子どもの考え聞かせを言ってもらうこともあるでしょう。すべては、その必要性を教師がどう考えるか次第です。

後者の場合を取る時に、異なる発言をすべて言葉どおりに板書することも考えられます。それは、子ども一人ひとりの考えを認めて尊重していることをクラス全員に示せます。そして、後でそれらについて皆で考え直すこともできます。

大切なことは、「単に、読むこと」と「理解しながら、あるいは楽しみながら、読むこと」の違いを考えることを通して分かってもらうということです。そのためには、読みながらしていること＝考えていることや感じていることを出し合い、話し合い、振り返ることが必要です。自分も含めて、他の人たちがどんなことを考えているのかを知ることで、読むことの複雑さ（や難しさ！）を知ることができたり、面白さにも気づけたりします。

そして、よりよい読み手になるための方法についても、です。

このことを具体的にする方法の一つとして、対話考え聞かせをした後に、「考え聞かせ」が読み手としての自分にどう役立ったか（あるいは、役立っていないか）を書き出してもらうことが考えられます。それは、次のような質問に答えてもらう形でもいいかもしれません。「読み方について新たに学んだことは？」「これから読む時にしようと思ったことは？」「今日の考え聞かせのハイライトは？」

教師は、これらを読んだ後（次の日に）、全部は残念ながら紹介できないので、主だったものをクラス全員と共有することで、子どもたちが相互に同じことをし、そして書いてもらった後でも、多様な反応があり得ることを強調することができます。その中にはもちろん、皆にしてもらいたいことをいくつか含めることもできます。（しかし、それは教師の強制ではなく、教室の他の子が考えたことやすでにしていることなので、「ぜひ試してみてね」というレベルのものです。教師が単にアイディアとして言うよりも、はるかに説得力があります。）

八　ガイド考え聞かせ

特に、理解することができない理由で、読むことが好きになれない子どもたちに対しては、「理解するための方法」をじっくり[13]見本で示し、使いこなせるようにしてあげることが一番効果的な方法です。（理解するための方法を使いこなせれば、ほとんどの場合は、読むのを容易にできるようになるので、好きになれるでしょう。しかし、使えないと、ハードルが高いままなので、分からない状態あるいは楽しめない状態が続いてしまい、できるだけ避けたいものであり続けます。）どんな時に、どんな方法を使えば理解しやすくなるかを、練習していくのです。教師や他の生徒の見本が十分に提供され、それを使いこなす機会も提供されれば、ほとんどの子どもは理解しながら読めるようになります。ゆくゆくは、自問自答できるようになり、そして自分自身のよき「読み」のコーチにさえなれます。つまり、教室内にいる優れた読み手たちがすでにやれていることと同じことを、彼らもできるようになるということです。

九　「考え聞かせ」は評価の手段としても使える

考え聞かせが習慣化されると、本や文章についての話し合いが深まります。と同時に、教師にはとてもいい評価の手段[14]も提供してくれます。子どもが理解できているか否かは、考え聞かせとして言ったこと（や、場合によっては書いたこと）で一目瞭然だからです。教師は、子どもの考え聞かせを聞くことで、その子の読み手としての強みや弱みを診断することができてしまうのです[15]。

考え聞かせを録音すると、書かなくても記録に残せます。読んで考えたこと（あるいは、他教科の場合は、問題解決をしている時に考えたこと）をすべて言ってもらうのです。子どもが何を言ったらいいか忘れた時には、「いま考えていたことは何ですか？」と再度促してあげればいいでしょう。

評価ということに関して、もう一点付け加えれば、それが付け足しないし成績をつけるためだけに行われるのはおかしい、ということです。それをすることによって、学びが進化したり発展したりするようなものでないと子どもたちに対して失礼です。その点、この考え聞かせは優れています。やればやるほど理解のための方法が身につき、それを習慣化して、子どもたちが自然に使いこなす助けになるのですから。

一〇　他教科でも使うと効果的な「考え聞かせ」

考え聞かせは、国語の読みだけで効果的なのではありません。すべての教科で読む時や問題解決や探究する時に使えます。子どもたちに考えさせたい時は、いつもです。

教師は、読書家や作家だけでなく、優れた数学者、科学者、歴史家、市民、芸術家、音楽家、料理家、スポーツマンなどがしながら考えていることを声に出して見本で示してあげればいいのです。逆に、それが示されないと、多くの子どもたちは算数・数学、理科、社会科、図工や美術、音楽、家庭科、体育などをすることの本当の意味が分からず、そして考え方も身につかないので、単に教師にお付き合いするレベルの学びしか得られません。すべての教科で考え聞かせができるようになるということは、「学び方を身につけることこそ大切だ」と言われている、その具体的な方法を身につけることでもあります。（「学び方を学ぶことこそ大切」と言われながらも、いまだその具体的な方法は示されていないのではないでしょうか？）考え聞かせを自然にできるようになることは、子どもたちをメタ認知的に熟考できる自立した学習者に育てることを意味します。

①　国語の「読み」

練習する時は、次のように順序立ててするのがいいかもしれません。これまで焦点を当ててきた「読んでいる間」だけでなく、「読み始める前」と「読んだ後」もしっかり考えてもらうのです。思考は、読み始める前に始まり、読み終わった後まで続きますから。

○読み始める前に考えることは…（教科書教材を使う場合は、主にはタイトルと作者名などから、実際の本を使う場合は、主には表紙を見ながら考えることです）

・これには、どういう意味があるのか？
・これは、自分にどういうことを思い出させるか？
・作者（や訳者）から言えることや分かることは？
・これは何についての内容だと予測できるか？

○読みながら考えることは…
・私がここで分かったことは、
・私がここで混乱しているのは、
・私がこのページで好きなのは、
・どうしてこの登場人物は、…しないのかな?

○読んだ後で考えることは…
・読み始める前は…のように考えていましたが、今は…だと思います。
・私のこの本の全体的な感想は、
・この物語から私が学んだことは、
・この物語から私が面白いと思ったのは、
・私がまだ不思議だと思っていることは、

本を読むという行為は、これら全体を通して行われるものです。いい絵本や本を読んだら、すべて自然に考えることであり、さらには考えたことを誰かに言ってみたいものです。

それを押しとどめておく方がおかしいとさえ言えます。一一一ページで紹介したローゼンブラットの「作者が書いたテキストは、読者が読んで意味をつくり出すまでは紙に落ちているインクに過ぎない」という言葉を思い出してください。すべての段階で考えることは、読者一人ひとりにとって固有の創造的な営みなのです。（そして、その解釈を修正し続けることということか、発展させていくことにこそ価値があると言えるかもしれません。）

② 国語の「書き」

書くサイクルのすべての段階で考え聞かせが使えます。

小学校中学年以上は、考えていることを書き出せるので、その必要性がないと思われがちですが、実際に教師がそれをしている過程を声に出しながら見せることで、そういうことが可能なのかということが理解できる生徒が中学校や高校でも多くいます。

まず題材集めでは、頭によぎることをドンドン言い、かつメモしていくのです。書くスピードよりも話すスピードの方がはるかに速いので、実際の実演の仕方は考えてください。見せる対象にもよりますが、すでにブレインストーミングで出した題材候補のリストを、

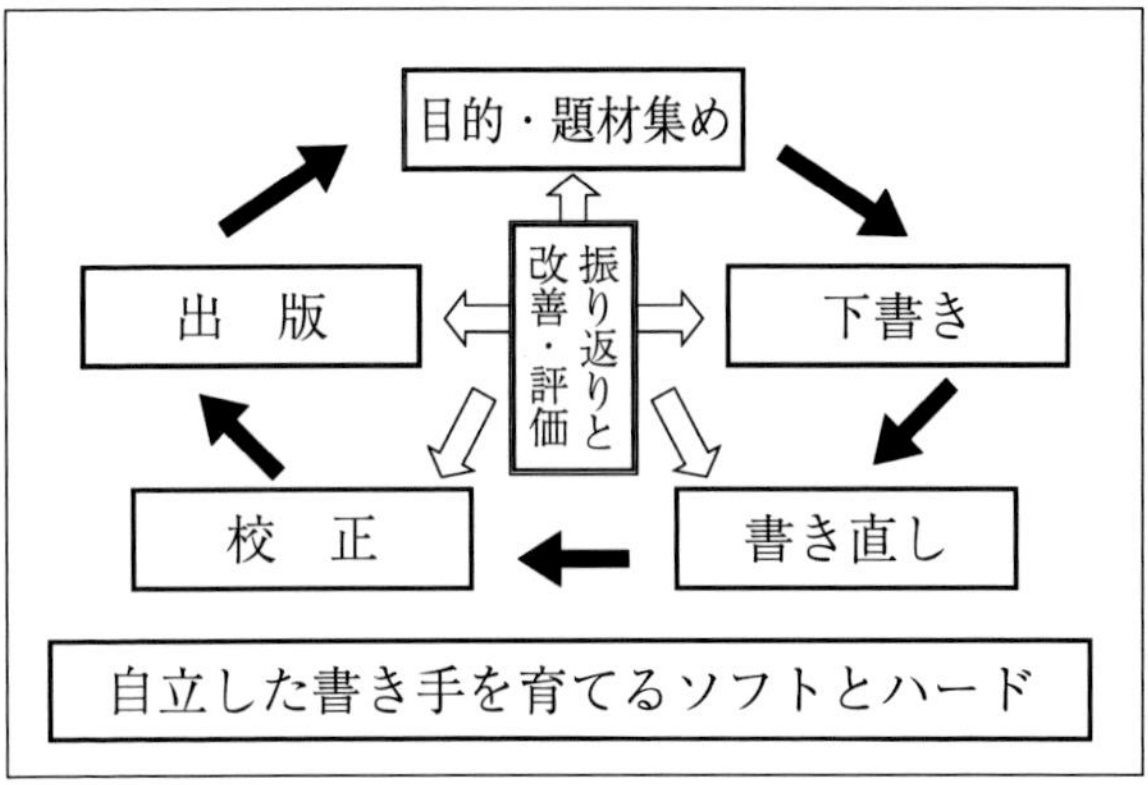

図1　作家（ライティング・ワークショップ）のサイクル

自分は実際どのようなことを考えながら出していったのかを説明してもいいかもしれません。とにかく、結果だけを見せても、やれるようにはならないので、その過程（プロセス）こそを見えるようにするのが考え聞かせです。

次に、下書きは、筆に語らせるというアプローチもありますが、それでは書けない人も少なくありません。そこで、決まった題材について、思いつくことをドンドン言い、かつ書き出すことが考えられます。そのうえで、書き出したリストを、どのような順番で、書いていったらいいと自分が判断したのかを、実際に説明しながら、文章化していくところを見せるのです。

さらに、下書きを書いた後の書き直しでは、自分がその作品を通して言いたい／伝えたいことは何かを考えながら（それ自体も、明らかにしながら）、どの文章はもっと詳しく書いたり、膨らませる必要があったり、どの文章は必要がなかったり、削ったりした方がいいのか。場合によっては、一つか二つの文章のみに焦点を当てて、下書きを書いてみる方が自分の目的にはかなっているかもしれないことなどを語って聞かせるのです。

校正では、読み手の立場に立って、いい点やまずい点を明らかにしながら、まずい点についてては、どのように改善したらいいかを説明します。

最後の出版（ないし発表）では、実際にその作品を書いたことが自分にとってどういう意味があったのか、どんな収穫があったのか（あるいは失ったものもあったのか?）を紹介します。

なお、こうした考え聞かせを使っての書く指導について詳しくは、中学校レベルでのライティング・ワークショップとリーディング・ワークショップを過去三〇年以上リードしてきたナンシー・アトウェルによる『イン・ザ・ミドル（仮）』（三省堂、二〇一八年夏出版予定）で紹介されているので読む指導と合わせてぜひ参考にしてください。

③ 算数・数学

新しい算数・数学の方法や解き方を教える時は、考え聞かせが常に使えます。（実際に、すでに使っている教師は多いかもしれません。そのように名づけられていないだけで。）教師が見本を示した後は、ペアや小グループで、異なる問題を使って、子どもたちに考え聞かせを使って解かせます。その間、教師は子どもたちの言っていることに聞き耳を立てて、理解度を把握し、必要な修正を行ったり、違う問題で再度見本を示したりする選択をします。なかなか方法を身につけられない子たちに対しては、ガイド読みやガイド考え聞かせの算数・数学版の「ガイド解き」をすればいいのです。『Thinking Mathematically（数学的思考を育む）』（新評論、二〇一八年秋出版予定）が参考になります。

④ 理科および社会科

基本的に、これら二つの教科は、探究のサイクルを回し続ける教科です。（その意味では、算数・数学は問題解決のサイクル、国語の書くは作家のサイクル、読みは読書のサイクルを回していますから、すべて同じサイクルを回していると言えます。そして、このサイクルを生徒一人ひとりが回し続けられるようになることこそが、子どもが自立した学び手になることと言えます。しかし残念ながら、現時点で、各教科指導で最もおろそかにされているのが、このサイクルを回すという発想です。

ここでも、教師が科学者や歴史家（や思慮深く考えて行動する市民や生活者）がどのように考えるかの見本を考え聞かせで示しつつ、子どもたちが徐々に同じことができるようにサポートしていきます。そして、ゆくゆくはジャーナルに記録を取れるようにし、自分たちが発見したことを発表できるようにしていきます。子どもが知っていること、理解していること、できるようになったことを把握するには、テストで評価するよりも、ジャーナルや発表の方がはるかに優れた手段です。すでに、ジャーナルについては書きましたが、発表も子どもの「考え聞かせ」を集大成したものと捉えることができます。『Nurturing Inquiry（探究心を育む）』（新評論、二〇一八年秋出版予定）が参考になります。

ビデオ

Teacher Read-Aloud That Models Reading for Deep Understanding

Best Practice: Modeling Thinking for Students

Thinking Aloud, Power Up What Works

注

(1)　大学で教えている協力者の一人から次のようなフィードバックがありました。「リーディング・ワークショップやライティング・ワークショップの授業をしていると、『読書が嫌いだ』と公然と感想を述べる学生に必ず出会います。私は随分早い段階で読書の楽しさを身につけることのできた人間ですので、正直言って、彼らのこうした発言は、リーディング・ワークショップを実践するまでは理解できませんでした。しかし、彼らには『読む力』が十分に育っていなかったのです。そしてそれは、そうした『読む力』を育てるような教育を受けてこなかったことも、大きな原因なのだと言えます。」筆者の私も、そういう一人でした。国語教育が、読書嫌いな人間や読めないままの人間を大量につくり出している点は否定できないと思います。

(2) 単に、受信することだけでなく、「読書は個人的な営みである」が強調される傾向もあります。(もし、そうであるならば、複数の子どもたちを集めてする「読み聞かせ」のメリットはいったいどこにあるというのでしょうか? 単に、効率だけでしょうか?) それに対して、「本を読むのには(最低でも)二人が必要」と言い切った人もいたのを思い出してください(七五ページを参照)。この本で紹介している方法は、すべて後者を優先するものです。これを発展させると、『読書がさらに楽しくなるブッククラブ』に至ります。

(3) この点に興味のある方は、『増補版「読む力」はこうしてつける』の三三ページおよび一〜二ページを参照してください。

(4) この分野の研究としては、すでにReading Don't Fix No Chevys 〜 Literacy in the Lives of Young Men と Going with the Flow 〜 How to Engage Boys (and Girls) in Their Literacy Learning というとても刺激的な本を二冊出しています。

(5) 具体的には、教師も理解できないことはあり、それを理解のための方法を使って、場合によっては、繰り返し読むことで、乗り越えることができることを生徒たちに見せることです。詳しくは、一〇七〜一一〇ページを参照。

(6) 読む楽しさは、もちろん個人レベルで味わうことはできます。しかし、それを他の読み手と共有することで何倍にも膨れ上がります。この点は、この後に紹介する絵本の『てん』のテーマの一つと言えるかもしれません。

(7)　メタ認知は、「現在進行中の自分の思考や行動を認識すること」です。自分自身が考えているのを振り返れる能力とも言えます。その方法として考え聞かせは卓越した方法です。単に教師が板書したのを自分のノートに書くのではなく、授業で学んだことや学校でおきていることに対する自分の考えや印象や疑問や質問等を書くジャーナルも、メタ認知的な思考を促すのに役立ちます。ある意味では、ジャーナルは考え聞かせを発展的・継続的に行う方法として捉えられます。ジャーナルも含めて、メタ認知の多様な方法に焦点を当てた本が『増補版「考える力」はこうしてつける』(ジェニ・ウィルソン&レスリー・ウィング・ジャン著、新評論)なので参考にしてください。

(8)　協力者から以下のコメントがありました。「中学校や高校などの教師が行う国語の授業は、いわば教師が考えたことをきれいに整理した成果だけを生徒に発表しているようなものです。だから、生徒はなぜそこが問題なのか、また、どうしてそうしたことにまとめることができるのかといったプロセスが見えてこない、ということに気づきました。考え聞かせは、そうした教師の考えのプロセスそのものを示すいい方法なわけですね。」国語に限らず、試験教科である数学、理科、社会を含めて、すべての教科で効果的です。

(9)　協力者から次のような点が指摘されていました。(面白いことに、家での音読に対する五〇ページ注(9)で紹介したのとは、逆さまの見方です。)「学校の宿題に音読があり、これによって繰り返し読むことのパワーを感じることがあります。小学校高学年の息子と娘の、教科書本文の内容理解につながっています。」

(10)　協力者から「単純な方法なのですが、繰り返し読もうと思うには、そもそも、それなりの原動力が必要なのでは？　どうしても分かりたいとか、どうしても読みたいとか。」まったくその通りで、リーディング・ワークショップでは、何よりも読む目的を大事にしています。目的（テーマや対象）が設定されると、繰り返し読むことやたくさん読むことの道が開けます（ライティング・ワークショップでは、たくさん書くが）。目的を大切にした読書こそが大事だと思います。しかし、読み聞かせにはそれがありません。単に金魚鉢の中で泳いでいる金魚たちに餌をばらまいているのと似た感じです。うまく餌を食べてくれたらOKですが、食べなくても別に気にしません。次の機会でOKと捉えています。

⑾ 書き終わるタイミングは、人さまざまですから、それを合わせるために、早く書き終わった人には、『てん』の内容を気に入った人には紹介文、気に入らなかった人には批評文を書いてもらいます。（その際は、完璧な文章の必要はなく、下書きレベルでいいこと、箇条書きですらいいことを伝えます。場合によっては、「自分に対する期待値をグーンと下げてください」とも言います。すると、ほとんどの人が書くことができます。単に書けるだけでなく、ここに紹介したくなるものまで書いてくれます。）

⑿ 協力者の一人から、以下の質問がありました。「この『フィードバック』の内容は、生徒が書いた反応について良し悪しを言うのですか？　それとも、たとえ正反対の反応であっても、その方向性を認めていくようなことでしょうか？　生徒の実際の反応を見れば、何となく『その方向性』の良し悪しは分かるような気がしますが、具体的にはどうするのかなと疑問に思いました。」当然のことながら、正反対の反応を認めるということはあり得ません。なぜそう考えるのかを問うことはできます。教師が答えを言っても意味はありませんから。日本の教師が慣れていないことの一つに、効果的なフィードバックがあります。それは、カンファランスが授業で活用されていないことを意味します。（それこそが、教えることのコアなのに！）カンファランスに興味をもてたら、『ライティング・ワークショップ』『リーディング・ワークショップ』『作家の時間』『読書家の時

間』『言葉を選ぶ、授業が変わる！』をぜひ参考にしてください。

(13) この「じっくり」の匙加減は容易ではありません。漢字の練習のようにやれるかというと、難しいと思います。考えることは、主体的な行為ですから、無理にやらせるわけにはいかないからです。従って、「分かった」「楽しい」「面白い」という経験をどれだけつくり出せるかがポイントのような気がします。そういう体験が増えれば、自然に読むことが好きになりますから。これは、「ガイド読み」と同じように、子ども一人を対象にするよりは、似たような課題をもった子どもたちを数人（二〜五人）集めてする方が、効果的です。自分だけがおかしいと思わなくて済みますから。

なお、この教師がガイドする教え方という極めて効果的な方法について詳しくは、『「学びの責任」は誰にあるのか』（ダグラス・フィッシャー他著、新評論、二〇一七年）をお読みください。

(14) 他の評価の手段として考えられるのは、観察、子どもへのインタビュー（イベント的なインタビューよりも、定期的に行われるカンファランスの方がはるかに望ましいことは言うまでもありません！）、ジャーナルなどです。テストという方法は、ほとんど考えられません！（理由は、子どもが読んでいる状況とは関係ない試験者にとってのこだわり、ないし都合を子どもに提示して、その理解度を測ることが目的ですから。客観的とは言えるのかもしれませんが、極めて人工的な環境の下での評価なわけです。）一つの方法に固執せずに、多様な方法で見、そして判断して対処法を考えるのがいいでしょう。**評価とは、あくまでも、個々の生徒がよりよく学べるのをサポートし、教師に対してはよりよく指導できる方法を提供する情報であって、成績を出すことの役割は一〇分の一もありません。**成績を出されたところで、生徒にとっては、その後でできることはほとんどなく、教師にとっても成績を出す負担はありますが、それによって得られるものは皆無に等しいのが現実です。評価について興味のある方は、『テストだけでは測れない！』（NHK生活人新書）と『ようこそ、一人ひとりをいかす教室へ』の続編の『一人ひとりをいかす評価（仮タイトル）』（共に、北大路書房、後者は二〇一八年夏出版予定）および『評価をハッキングする（仮タイトル）』（新評論、二〇一八年夏出版予定）を参照してください。

⑮ 協力者から「読み手の強みや弱みとは何ですか？」という質問がありました。どんなことは考えられていて（書いていて）、どんなことは考えていない（書いていない）ということです。その多くは、『てん』の読み聞かせですでに見たように、七つの「理解のための方法」に集約できます。

第四章　いっしょ読み

～読み手と聞き手が一緒に読む「いっしょ読み」成功の秘訣

一　「いっしょ読み」とは

いっしょ読み（Shared Reading）は、「子どもたちが読んでいるテキストを見られる状態で、教師が滑らかに、そして表現豊かに読むところを観察し、そして一緒に読むように誘われる読み方（**→「いっしょ＝Shared」の由来は、まさにこの点にあります。子どもが聞いていて、教師と一緒に読みたくなったら読める読み方、という意味**）です。それは、よい読み手がしていることの見本を示し、そして聞き手である子どもたちが読み手に育っていくのをサポートする方法なのです。教師は、読んでいるものを見えるようにするだけでなく、子どもたちがうまく読めるようになるための足場も提供します。いっしょ読みのいい点は、さらにあります。それは、教師と子どもたちの絆を強めることです。子どもたちは、楽しんで読むプロセスのパートナーとなり、実際に読める自分を意識できるのです。さらに研究の結果が、いっしょ読みが読む力を伸ばす裏づけも提供してくれています[1]」

これを読むだけで、やらないと損だと思いませんか？　ポイントは、一緒に読むことによって、子どもたちは単に聞き役に限定するのではなく、よりよい読み手に育っていくところです。聞くだけで、それを実現できる子もいますが、すべての子がそうではありません（より多くが後者に含まれるかもしれません）。もしそうなら、子どもたちによりよい読み手になってもらうには、読み聞かせプラス・アルファの部分がとても大事になります。それを実現してくれる方法の一つが、「いっしょ読み」なのです。より多くの子どもに実際に読める自分、ないし実際に読めている自分を意識できるようにすることによって[2]。

二　いっしょ読みが行われるようになった経緯

いっしょ読みは、1960年代の中ごろに、ニュージーランドの教育者のドン・ホルダウェイによって開発されました[3]。彼は、就寝前に親子がベッドで絵本を読む習慣（ある

いは、大人の膝の上に乗って読む習慣）があるのと、すでに明らかにされていた読む量が子どもの読む力をつける最も大きな要素であるという研究結果に基づいて、これを教室で取り組めるものとして開発しました。

簡単に言うと、「いっしょ読み」は、①読み聞かせ（＝自分では選ばないような内容のあるいい本や詩などを、読むエキスパートがなめらかに、しかも表現豊かに読むのを観察できること）に加えて、②実際にそのテキストをよく見られることと、③望むなら一緒に読めることが加わる読み方です[4]。就寝前に実際家庭で行われているいっしょ読みには、単なる読み聞かせ以上のやり取りが、親子の間にあります。そこでは、子どもの努力や真似は、親によってすべて受け入れられ、否定されることはありません。本が好きになることや、毎晩（たまには、同じ本を繰り返し）読むことが前提で行われます。それをクラスでしようとすると、通常の本では全員が文字を見ることはできないので、この方法を実践するためにビッグ・ブックが開発されたわけです。（従って、サイズの大きな絵本＝ビッグ・ブックは、多人数を対象に読み聞かせをするためではなくて、「いっしょ読み」をするための媒体なのです！　子どもたち全員がイラストだけでなく、希望者は一緒に読めるように、書いてある文字や文章が見える必要があるからです。）[5]

教室でする時も、家庭でする時と同じように、読むことが好きになること、読んでいる本を楽しめること、全員が安心安全な雰囲気の中で行うことが条件になります。家庭でしているのと同じように、同じ本や詩などを繰り返し読まれることも頻繁にあります。

さらに、教室内の図書コーナーには通常サイズの本もセットで用意し、気に入った子たちは、自分一人あるいはブック・パートナーと「いっしょ読み」の後に、通常サイズの本を読むことができます。

「いっしょ読み」が大好きなレジー・ラウトマンは、その理由を次のようにまとめています（対象は、主に小学校低学年までの場合）[6]。

①簡単にできる。

②読むことを楽しむ、好きになる。

～一緒に面白い本を解き明かす（問題解決、話し合い、笑う）楽しさ。言葉、構文、文法などを学ぶ部分は二の次。

③子どもが文字とイラストの両方が見える状態で教師は読む。

④対象として、クラス全体だけでなく、個人や小グループも可能なので柔軟性がある。

また、当初は小学校低学年までのみを対象として行われていたが、今は中・高でも使われるケースが出てきた。つまり、教科の内容に関連するものも扱える。
⑤教師は、子どもが読むプロセスに熱中できるようにする。
~教師の指示ではなくて、本の魅力と教師の読み方のうまさで、子どもたちが参加する。繰り返しの本や、ストーリーが明快な方が参加しやすい。
⑥読み聞かせと同じで、教師が上手な読みの見本を示す。
~文章や言葉を読むことがどういうふうに聞こえるかを示し続ける。
⑦文字や言葉の知識を増やす。
~頻繁に見かける言葉や文章のルールに慣れたりする（文字や文章の特徴を理解することができる）。分からない言葉が出てきた時の解決の仕方を身につけられる。異なるタイプの文章への慣れに役立つ。鍵となる言葉の一部を付箋で隠して、前後関係やイラストを使って、当てるといった方法を使うこともできる(7)。
⑧一人で読むプレッシャーから解放してくれる。徐々に、一緒に読むようになる。たまには、子どもだけに読ませることも。参加の仕方は一様ではない(8)。
⑨徐々に文章をスラスラ読めるようになる。
~読み慣れていない子にとっては、自分も読めるという体験は貴重。強弱をつけたり、

間をとったりすることなども見本で示し続けることで、スラスラと、しかも読み手に伝わる形で読めるようになる。

⑩教師は読んでいるものを子どもが理解できるように様々なサポートを提供する。～考えるため／理解するため／自分なりの意味をつくり出すために読んでいることを強調する。そのためには「理解するための方法」をしっかり教えることが欠かせない。同じ本を、異なることを教えるのに繰り返し使うと、子どもたちが内容を覚えているので、最初から教えることに焦点を当てることができるので効果的(9)。

⑪物語や本の言語的な部分と構造的な部分に気づかせることができる。～文章や物語の感覚が身につくようになる。それには、たとえば登場人物、場面、始まり～中～終わりなどの物語の主要な要素の理解も含まれる。

⑫読み始める前にやれることを見本で示すことができる。

⑬全員に読み手として参加するように誘える。

⑭書かれた文章がどういうものかを理解するのに役立つ。

⑮書き言葉と話し言葉の関係についても理解するのに役立つ。

⑯いっしょ読みの後に、一人（ないしペア）で読むいい誘い水になる。

⑰成功体験を通して、読むことに対する自信やプラスの感情を培うのに役立つ。
~これは、読み聞かせでは無理で、考え聞かせでは自分の考えや感じたことが言えるので少しは可能。いっしょ読みでは、難しいところを協力して解明することなども通して、達成感（自分はできる！　読める！）を味わうことができる。また、多様な読みの教え方の他の要素も念頭に入れて取り組むことが、自立した読み手を育てることに役立つ（逆に言えば、念頭に入れていないと、それは願望のレベルにとどまる可能性が極めて高いということ）。
⑱読み手のコミュニティーを築くのに役立つ。
~これは、読み聞かせや考え聞かせでは、難しい。一緒に同じ本に取り組んでいるニュアンスがはるかに強調される。一緒に問題解決をしている雰囲気があるから。対象学年に関係なく、テキストについて話し合わせることもいっしょ読みの柱。
⑲いっしょ読みで体験したことを、のちにガイド読み（小グループを対象に、教師がリードしながら読み方を教える方法）[10]で突っ込んで学ぶ呼び水になる。
⑳教師は、子どもと物語や文章の意味について話し合う。
~その過程で、子どもに「読み手」の立場をとらせるように仕組まれている。徐々に、

難しい言葉や内容に挑戦させる。読んでいる内容に対する個人的でしかもクリティカルな反応（五一ページの注⑾を参照）をするように促される。

㉑本を読むのに必要なことを学ぶのに、同じ絵本等を繰り返し利用することがある。
～この使い方をメンター・テキストという[11]。

㉒書き手の思惑は何かを考えながら読めるようになる。
～これは対象年齢が上になるが、慣れ次第で身につくスキル。これは、読むことが書くことに及ぼす大事な影響の一つ。

これらの多くは、教師（やほかの大人）があえて指摘しなくても、「いっしょ読み」を繰り返しすることで得られるものである一方、中には意図的に教えることが必要なものもあります。いっしょ読みでは、教師のサポートがあることで、子どもたちは多くのことができるようになります。これは、まさにヴィゴツキーの「今日、誰かに助けてもらってできたことは、明日自分一人でできるようになる」を最もいい形で実践している場面と言えます。

三　いっしょ読みを成功させるための本の選択基準を含めた諸条件

ここでも、レジー・ラウトマンが成功の条件を整理してくれているので、それを紹介します[12]。いっしょ読みの成功は、読み聞かせと同じで、本の選択に大きく依存します。本を選択する基準としては、次のようなものが考えられます[13]。

①自分が読んで楽しいもの（自分のお気に入りの本）であることが最も大切。

②子どもたちがすぐに興味をもてる内容であれば、基本的にはＯＫ。

③予想がつきやすいストーリーの展開
～文の構造（童話など）が適切。

④繰り返しの言い回し、リズム、韻を使っている。

⑤子どもたちが言いたくなるような、自然な会話が使われている。

これらが、子どもたちが本を繰り返し読みたがる主な要素ですが、以下も考慮に入れるといいかもしれません。

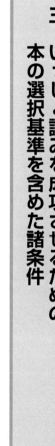

・説明文を含めて、多様なジャンルを扱う。
～詩やラップや人気のある歌なども〇K。
・子どもが書いたものや、書くのに協力したもの。
・イラストも理解の助けになる。

選書以外の条件には、以下のようなものがあります。
①全員がテキストを見られること。
～ビッグ・ブック、自分たちが書いた作品などをOHCなどで拡大する。
②低学年では、いっしょ読みが授業時間の大半を占める。中・高学年では、五～一〇分。
それをする回数も多くはない。
③対象に応じて、一人読みや読み聞かせなどとの組み合わせを予め考えておく。
④繰り返し読んだ本は、鍵となる単語や文章を付箋などで隠して、子どもたちに思い出させて読ませるようにする。
⑤あるいは、徐々に教師の声を小さくしていき、子どもたちだけで読めるように配慮する。
⑥読むのを楽しむことが最大の目的だが、「いっしょ読み」には読み方を学ぶ側面があ

る。（読み聞かせには、これが意図的には含まれていない！）

～文章がどのように成り立っていて、文章を読んだり、理解したりする方法も教えるのが「いっしょ読み」の特徴（ただし、はじめて読む時は、読み聞かせのみを行う。子どもたちもストーリーを理解するのに忙しいので。二回目以降は、限定したポイントに絞って教えていく）。教える内容としては、たとえば、

・文章の構造
・句読点の役割
・イラストを使って言葉や文章を理解する
・物語の流れを活用して文章を理解する
・意味やイラストを使って、言葉を理解する
・頻繁に登場する言葉を理解する
・予想する
・要約する
・質問する

など。

サイズを大きくした絵本＝ビッグ・ブックはもちろん、「いっしょ読み」のために開発されたものですが、それがないといっしょ読みはできないというわけではありません。普通サイズの絵本をＯＨＣでスクリーンに映し出したり、あるいはコピーをして配ったりすることで子どもたちが読めれば何を使ってもかまいません。小学校高学年以上を対象にする場合は、コピーをして各人が手元におく形で「いっしょ読み」をすることが少なくありません。一方、小学校中学年以下では、全員が同じものを見られる方が注意を喚起しやすいし、一体感ももてるということで、板書や模造紙に書き出したり、ＯＨＣを使ったりすることが多いです。

絵本以外に使えるものとしては、詩、物語、新聞や雑誌の記事、子どもたちが書いた作品、教科に関係する読み物（教科書も含む）などがあります。フィクションも、ノンフィクションも、両方使えます。さらには、地図や広告やブログなども可能です。中には、動画などを使っている教師もいます。

四　読み聞かせといっしょ読みの共通点と相違点

子どもたちが自分では選ばないような本を、教師が選んで、みんなで楽しむことや読むのを好きになってもらうことは読み聞かせと同じですが、子どもたち全員が、「自分は読める」という感覚を得られるようにするのがいっしょ読みです。特に、読むのが嫌いな子や苦労している子たちにとって、読めるようになるための必要なサポートが提供されるのがいっしょ読みの大きな特徴です。つまり、理解しながら読めるようなサポートや本についての理解を促進するためのサポートがあることが、いっしょ読みが欧米でかなり普及している理由なのです。この点、読み聞かせはほぼ無力です。また、展開が予想しやすい本でいっしょ読みをすることで（事前に読み聞かせが一度は行われていることもあって）、語彙や文章に慣れ、スラスラと読めるようになります。自立して一人読みができるようになることを強く意識して行われるのが、いっしょ読みであるのに対して、読み聞かせも、願望としては同じことを思っているかもしれませんが、具体的な手立てとしては、教師が読む見本を示す以外にほぼ何もしていないということになります。

表1　いっしょ読みの特徴のまとめ

読み聞かせとの比較の項目	いっしょ読み（小学校低学年以下を対象にした場合）
読むのはどんなもの？	ビッグ・ブック（あるいはOHCで映し出す） イラストが大きく、色やイメージが鮮やか 他には、詩、歌、朝のメッセージ、教室便りなど
本のレベルは？	自分では読まない／読めない本に挑戦
誰が読むのか？	教師と子どもが一緒にテキストを読む 全員がテキスト／文字が見えることが条件 書き言葉と話し言葉の関連を子どもたちに意識させる 読み方に焦点を当てた指導が行われる
子どもの役割は？	子どもは、積極的に考え、読むことに参加する ストーリーのテーマを話し合う 教師のサポートでほぼ全員が理解する★ 子どもが物語の感覚がもて、理解できるように、手厚いサポートが提供され続ける★ どこに焦点を当てる／どう読むかのサポートがある★ すでに知っていることと新しい情報の関連づけのサポートもある★ 意味を理解しながらも、言語事項や文章構造や語彙について教わる
絵本の中の言葉の扱い方は？	繰り返しや韻を踏んでいるものなど、読んで楽しいもの／覚えやすいもの
教室の雰囲気は？	教室はエネルギーに満ちている
話し合いの位置づけは？	話し合いは、高次の思考を求めるもの 教師の投げかけによって
選書の仕方は？	指導の目的に応じて、繰り返し読まれる 子どもが一人で読めるのは対象外。教師やクラスメイトの助けを借りて読めるレベルのもの
同じ本は何回読まれるのか？	初回は、教師がリードして読み聞かせをする。2回目以降は、徐々に子どもたち主導に移行していく。また、2回目以降は子どもたちの理解を促進するための、焦点を絞った内容についての指導が行われる
読む前、間、後にすることは？	読む前、間、後にしっかりすることがあるのがいっしょ読みの特徴

★ここでのサポートには、子どもが分かるようになるための問いかけや、教師が行う考え聞かせや、子ども同士の考えの共有などはもちろんのこと、教師がいっしょ読みの後に行うガイド読みや個別カンファランスなども含まれます。

表1は、当初は、読み聞かせ（左側）といっしょ読み（右側）を比較する形で作りましたが、あまりにも読み聞かせの立場がなくなってしまう結果になってしまったので、左側を削除しました。そして、代わりに何を比較したのか、その項目に入れ替えました。あなたはそこに読み聞かせの場合は、どう答えるかも考えながら、いっしょ読みの場合を読んでください。

五　いっしょ読みは具体的にどのように進めるのか？

「いっしょ読み」がどのような流れで行われ、それぞれのステップではどのようなことが教えられ／学ばれるのかということは、次ページの表2が分かりやすく示してくれていると思います。表をしっかり読み込めば、それぞれのステップで何が行われるのかは明らかですが、私なりの解説を付け加えていきます。

まず、①本の紹介をするのは、通常の読み聞かせではあまりしないと思いますが、対話読み聞かせと同じです。

タイトル、作者、絵を描いた人、表紙、表紙裏、（日本の絵本には裏表紙には何も書い

表2 「いっしょ読み」の進め方

構成要素	教えること／学ぶこと
①本の紹介 教師は、本を紹介しながら、子どもたちを会話に巻き込み、本への興味をそそる	・つながりを見出せるように促す ・背景となる知識を提示する ・会話の中で鍵となる語彙を使う ・場面や登場人物に関する重要な情報を提供する ・他の本との関連を紹介する ・どのような内容の本かをほのめかす
②読む見本を示す 自分の読んでいるところを指しながら、表現豊かに読み聞かせ＋考え聞かせをする。読んでいて難しそうなところでは止まって、子どもたちが問題解決するのを待つ／助ける	・スラスラと読む見本を示す ・読んでいるところをどう解釈するのかの見本も示す ・問題解決を要するところでは、待つことも示す ・文章の構造や句読点など、注意すべき点について喚起する ・読み手としての自分についても振り返る見本を示す ・言葉の理解の仕方を見本で示す
③いっしょ読みをする 子どもたちは教師に合わせて（同時に）テキストを読む	・最初は文字一つずつ、後ではフレーズごとに読むようにする ・すらすら読めるようにサポートする ・句読点を意識しながら読むように促す ・意味を感じながら表現豊かに読むように促す
④内容についての話し合いをする テキストの意味についての話し合いをする	・重要な情報を覚え、要約できるように助ける ・登場人物の動機などを推測できるように助ける ・言葉や物語の構成に気づけるようにサポートする ・読んだ内容についての自分の意見を述べるように促す
⑤大切なことを教える 自立した読み手になってもらうために、押さえたいところに戻って、しっかり教える	・問題解決の方法を示したり、強調し直す ・言葉の意味を明らかにし、「理解のための方法」ができるようにする

（出典：Fountas & Pinnell, Teaching for Comprehending and Fluency の313ページ）

てないので）裏表紙裏、（ノンフィクションの場合は）目次などを紹介しながら、本に書いてあることや何が起こるかを推測させます。子どもたちから出される推測はすべて受け入れ、この時点で評価はしません。自分の推測もモデルとして示します。読み終わった後に振り返ると、当たっているのと、間違っているものの両方に（教師だって間違えることがあることを示せることに）価値があります。

最後に、「こんなことに気をつけて聞いてください」あるいは、「読み終わった後に話し合いますからよく聞いてください」と言ってスタートです。（これがあるかないかで、子どもたちの聞き方はまったく違ったものになります。単に聞くだけでいいのか、それとも聞いたことを踏まえて話し合うのかの違いですから。後者は、理解しないとできません。それに対して、前者は理解することを暗に求めていないとも言えます。それが言いすぎなら、聞き方を聞き手に委ねています。）

②の「読む見本を示す」では、初めて読む絵本の場合は、一回目は純粋の「読み聞かせ」が望ましいでしょう。まずは、子どもたちが楽しむこと、そしてストーリーの感じをつかむことが先決ですから。二回目以降は、考え聞かせも交えながら、理解と読む方法についてのいくつかのレッスンをしていきます。

③の「いっしょ読みをする」は、まさに「いっしょ読み」をすることなのですが、でも「いっしょ読み」は、これら①~⑤をすべて含めた捉え方をしているところがポイントです。ビッグ・ブックやOHCを使いながら、今どこを読んでいるのかが子どもたちに分かるように、指やポインターで指しながら読んでいきます。もちろん、参加したい子は、教師と一緒に読むのに参加してもらいます。

細かいことですが、対象に応じて（時期によっても）、指し示し方を臨機応変に変えていくことがポイントです。言葉単位、行単位（行の下を移動させながら、行のはじめだけ）そして、まったく指し示さない方法で、子どもたちの力量に応じて変えます。

④の「内容についての話し合いをする」は、対話読み聞かせやガイド読みですることと同じです。前にも書きましたが、事前に読み終わった後の話し合いがあることを知っているのといないのでは、読み方は自ずと違います。そして実際、互いの解釈や理解を共有し合うことで、読みは一人で読めるものをはるかに超えて深まります／広がります。（しかし、それも選んだ本によります。「必ず話し合いはしなければいけない」と固執するのではなく、子どもたちの様子を見て判断することも大切です。）

話し合えることは、多様にあります。物語の流れ（子どもたちに再話してもらうことは、理解を深めるための第一ステップです)、登場人物について、特に気に入った部分や面白いと思った部分(逆に、おかしいと思った部分や不思議に思った部分)、浮かんだ疑問や質問、絵本が扱っているテーマなどです。他にも、気に入った言葉や言い回し、自分や他の本などとの関連、物語の場合はある出来事がなぜそういう形で起きたのか、なぜ人々は特定の行動をとったのか、自分ならどう行動するか(そして、なぜ?)など。ノンフィクションの場合は、自分たちが知っていることや体験していることと比べてどうか、新しく学べたことは何か、もっと知りたくなったことは何かなど。読んだことについて考えることすべてが含まれます。教師の役割は、これらについて投げかけることで、子どもたちの思考と理解を促進することです。

⑤は、自立した読み手になるために「大切なことを教える」です。これは、従来の読み聞かせにはありません。主には、読むのが得意な人なら誰でも使っている「理解するための方法[14]」です。年齢が小さい場合は、本や文章についての決まりごとをしっかりと教えることも含まれます。書くことに読んだ本を活用するのであれば、「作家の技[15]」を教えることになります。英語圏では、メンター・テキストの使い方が過去一〇年ぐらい書き手を伸ばす最も有効な一つとして盛んに紹介されています。

表はここまでですが、⑥として、通常の読み聞かせや、一人読み（ないしペア読書）にアクセントをつけるのにもいっしょ読みは効果的です。これら三つをうまく組み合わせることが「自立した読み手」を育てるためには最も望まれていることかもしれません。

なお、一回の「いっしょ読み」で教えることは、（多くても）二つか三つに絞るのがいいでしょう。たとえそれ以上扱ったとしても、子どもたちには身につきにくいからです。これは、生徒と個別で行うカンファランスの要領に似ています。カンファランスでは、教えることは原則一つ、多くても二つに限定しています[16]。

◎『てん』（ピーター・レイノルズ作・絵　谷川俊太郎訳　あすなろ書房）を使ったいっしょ読みの事例①

この本は、物語の書き始め、構成（ストーリーの循環）、ユーモアのセンスなどを参考にするのに、とてもいい絵本です。

漢字なしのひらがなとカタカナだけなので、小学校の低学年（幼稚園や保育園の年長組でさえ）のいっしょ読みにはもってこいです。物語は、とてもいいペースで、しかも予想がつきにくい展開で進みますが、一度読み聞かせをした後なら、容易にストーリーを覚えられるので、いっしょ読みも可能です。

絵を描くことが好きな子も、嫌いな子も、接点が見出せる本です。

文章とイラストのバランスもとてもいい絵本です。(イラストだけを、OHCに映し出して、文字なし絵本として提示し、文章は各自で考えてもらう活動としても使えます。)

以下は、これまでに読み聞かせをしていない場合のシナリオ案です。

文字を読み始める前のやり取りでは、次のようなことが考えられます。

・この表紙を見てください。これから、どんな物語が展開するか想像ができますか?

・タイトルが「てん」の理由が分かりますか?

・大きな点の中に、この絵本を書いた人と訳した人の名前が書いてあります。

・谷川俊太郎さんは詩人ですし、レオ・レオニの絵本の翻訳でも有名ですから、流れるようないい訳になっていると思います。(ひょっとしたら、元の英語の文章よりもいいかもしれないぐらいに!)期待してください。

・絵を描くのが好きな人は? 嫌いな人は?

・このページには、小さな絵の具と絵筆が描いてあります。
・このタイトル・ページの「てん」は小さく、文字の「てん」は大きく書いてあります。
表紙のページとの違いはなんだと思いますか?
・作者と訳者の名前は、表紙と同じように書いてあります。
・それでは読み始めますが、一緒に読みたい人はどんどん参加してください。

一～二ページの文章とイラストの両方を見せながら、文章のリズムを大切にして、読み聞かせを始めます。

子どもたちがこのような体験をもったことがあるか、あるいは友だちのこういう体験を見たことがあるか投げかけたうえで、自分の経験を紹介する。「先生は、教室の中だけじゃなくて、外に写生に出た時も描けなくて、いつもこんな感じでした。」

三～四ページの読み聞かせをします。

「図工室には、ワシテと先生しか残っていなかったんだね。この先生の発言、どう思いますか?」

「みんなは、先生にこういうこと言われたら、どう反応しますか?」

ペアで約一分間の話し合いをしてもらってから、三～四ページを「いっしょ読み」します。

五～八ページは、子どもたちに「いっしょ読み」に誘いながら、読み聞かせをします。そして、「なぜ、ワシテがつけた点にサインして、って言ったと思いますか？」と問いかけます。

ここはクラス全体に出してもらってから、五～八ページそして九～一〇ページを「いっしょ読み」します。

一一～一二ページを読み聞かせして、『すごい展開になってきましたね？　さっきの〝吹雪の中の北極熊〟と同じぐらいのインパクトあると思いませんか？　〝ワシテはびっくり〟と書いてあるけど、彼女はどうすると思いますか？』

ペアで約一分間、話し合ってから、一三～一四ページを「いっしょ読み」し始めます。

その後に、教師の考え聞かせ～「一四ページのイラストは、表紙の次のページにあったイラストとほとんど同じですね。これは、どうやら水彩セット使って、ワシテが描き始めることを意味していたようです。」

一五～一八ページを「いっしょ読み」した後に、教師が自分の予想（最初に読んだ時の予想）を考え聞かせする。

一九〜二〇ページを「いっしょ読み」した後で、表紙からここまでのストーリーを予想できた人はいたかどうか、尋ねてみます。そして、見開き四ページ残っているので、今後の展開の可能性を出してもらいます。

二一〜二六ページを「いっしょ読み」して、ワシテが何と言うかをペアで予想してもらいます。

最後の奥付のページの最初の二行を読み聞かせをし、図工や美術の先生ではなくて、数学の先生の影響を受けて、この絵本を書いたという驚きを語って聞かせ、その先生は、ピーター・レイノルズさんのどんな印をつけさせたんだろうね、と投げかけてみます。

そして、この本の置き場所を告げて、「一人読み」か「ペア読書」で読んでみるように誘いかけます(17)。

でも、強制はしません。「いっしょ読み」も「一人読み」も「ペア読書」も、その本に魅力があるから、子どもたちが選択するのであって、教師が紹介できるのはそこまでと割り切ってください。その分、紹介する本の選択は、極めて重要だということです。

二回目（以降）に読む時は、できるだけ教師の声は落とすか、ほとんど声に出さずに、子どもたち中心の「いっしょ読み」をします。

どんなシンプルな物語であっても、繰り返し読まれるものには魅力があります。私自身、この絵本は子どもを対象にはもちろんのことですが、教師を含めた大人を対象にも最適な本だと思っています。(管理職を対象にした研修では必ず最後に読み聞かせをしているぐらいです!)最初の一〇回ぐらい読んだだけでは気づけなかったのですが、自分がこの絵本を知る一〇年前に翻訳して出した本『エンパワーメントの鍵』の中で主張されていたことの一つと同じことに一五回目ぐらいで気づくことができました。それも含めて、検索エンジンで「PLC便り、てん」を検索すると、四回連載で大人が『てん』から学べることがたくさん紹介されていますので、ぜひご覧ください。

◎『ろばのとしょかん』(ジャネット・ウィンター文・絵 福本友美子訳 集英社)を使ったいっしょ読みの事例②(18)

B先生は、『ろばのとしょかん』(ジャネット・ウィンター文と絵)を使うことにしました。まずは、表紙と最初の数ページから想像できるかを言ってもらいました。すべてを受け入れて、読み聞かせを始めました。文は、小学校低学年でも読めるレベルなので、子どもたちは教師に合わせて、小声を出して読むか、あるいは口の中だけで読むか、しました。「ルイスは、本を一さつよむと、すぐに　つぎの本を　かってきます。いえはたちまち本で、いっぱいになりました。おくさんのダイアナは、こごとをいいました。」の最後のところには付箋が貼ってあって、何が書いてあるのか見えないようになっていました。

そして教師は、「この下にある言葉は何だと思いますか?」と尋ねました。

なかなか子どもたちは答えられません。教師は、答えを言うのをがまんして、待ちました。すると、一人の子が、「右側のイラストを見たら分からないかな〜」、と言いました。

よくイラストを観察した子が、「ルイスの奥さんは、怒ってるみたい」と言い、他の子が奥さんの言ったことの中身を「こんなにたくさん　どうするのよ。本は　おかずになりゃしない」と読みました。

これらを総合すると、本ばかり読んでいるご主人のルイスに不満があることが分かりました。そこで、元の質問に戻って、この部分はどのような言葉が適切かをみんなに考えてもらいました。「不満を漏らす、不平を言う、文句を言う、愚痴をこぼす、問い詰める、尋ねる」などが出されました。

「付箋はまだはがさないで、どれが正しいかどうやって確かめられるのか？」と教師は尋ねました。

それぞれの言葉を入れて、文章を読んでみたところ、「問い詰める」と「尋ねる」以外は、全部可能性があることが分かりました。

教師が、最初の文字だけを見せたら、「こ」でした。残念ながら、あっているものは一つもありませんし、「こ」で想像できる言葉も思い浮かびませんでした。そこで教師は、徐々に見える部分を増やしていき、この絵本での正解は「こごとをいいました」だったことを伝えましたが、子どもたちが考え出した言葉も間違いではなかったことも同時に伝えました。

そこで教師は、ホワイトボードに「行き詰まった時に、試せることは」と書いて、読んでいて行き詰まった時にできることを今日自分たちがしたことを振り返りながら出すように言いました。そして、以下のリストが結果的に出来上がりました。

・物語の流れを考えて、どんなことが可能かを考えてみる。
・何かをする。何もしなかったら問題は解決できない！
・イラストをよく見て、登場人物の顔の表情や発言に気づく。

・前後関係で、どんな言葉が可能かを考える。
・言葉をよく見て、何が適当かを考える。
・読み直して、どんな言葉が一番ピッタリかを確かめる。

ここまでで一五分経ってしまったので、この後はまた次の機会ということで終わりました。「でも、書いてあることの問題を解決することは探偵みたいで楽しかったのではありませんか？　今日学んだことは、いつでもどこでもどんな本にも使えるとても使い道のある方法です」と言って締めくくりました。

六　バリエーション

レジー・ラウトマンは、ここまで紹介してきた「いっしょ読み」のいくつかのバリエーションも紹介してくれています[19]。改めて目的や対象に応じて使い分けたり、さらには自らが創造的に考え出したりしてもいいこと（というか、同じことを他の選択肢を考慮することなく延々と続けることのおかしさ）に気づかせてくれます。

①　子どもがリードするいっしょ読み

教師がリードする「いっしょ読み」に慣れてきたら、間違わずにスラスラ読める子どもに、リード役をやってもらうのです。そうすることで、子どもたちが、自分が読むのを探して、それをうまく読めるように練習することを奨励することになります。

教師（ないし他の大人）がやらなくてもいいことを、やり続けることは教育的行為とは言えません！

②　ペア読書

これは家での親子読みの子ども版と捉えることができます。スラスラ読める子とまだよく読めない子をペアにして、スラスラ読める子に親役をやってもらうのです。組み合わせには気をつけてください。うまくペアがつくれれば、授業中はもちろん、休み時間等にも一緒に読み続けることになるはずです。

③ 教師の代わりに、司書や読み聞かせボランティアや上級学年の生徒がする

事前に、しっかり「読み聞かせ」と「いっしょ読み」の違いを理解してもらうことが必要です。

④ CDやレコーダーを使って

事前に教師かボランティアが吹き込んだ音声を聞きながら、「いっしょ読み」をする方法で、これなら子どもたちの個別のニーズに応えられやすくなります。

いっしょ読みは、対象のバリエーションも様々で、一般的にはクラス全員を対象に行われますが、小グループやペアや個人を対象にもできます。ニーズを把握したうえで、柔軟に取り組んでください。

扱う題材のバリエーションも様々です。時間的なことを考えると、絵本が一番いいかも

しれません。しかし、絵本に匹敵する（あるいは、絵本以上に短い時間でできる）のが、詩です。詩は、繰り返し読んでこそ、より意味があるというか、味わいがある題材かもしれません。谷川俊太郎、まど・みちお、工藤直子等々、子どもたちに愛されている詩人たちの作品と、子どもたち自身が書いた詩もお勧めです。

いずれにしても、対象全員に積極的に参加してもらう（願わくは、声を出して一緒に読んだり、先のページの展開を予想したりすることに参加したり、テキストやイラストに熱中して取り組んでもらうために(20)）最善の努力を教師ないし他の大人はし続けます。この点は、自分ががんばってひたすら読むことに集中して、興味の湧かない子どもたちは置いてけぼりの読み聞かせとは大分違うと言えます。まさに、「いっしょ読み」の名称の通りです。

⑤ 他教科や高学年への応用

いっしょ読みは、一般的には小学校低学年までが対象の方法と思われてきましたが、やり方次第では、小学校中学年以上でも「いっしょ読み」を使うことができます。具体的には、たとえば外国語の授業や、理科や社会などの教科で、です。

普通の物語は読めても、理科や社会の教科書やノンフィクションを効果的かつ効率的に読むのは得意ではない子どもたちは少なくありません。それは、学年が上になっても続くことがあります。物語にはない特徴がいろいろあるので、それらを知らないし、使いこなせないからです。たとえば、目次、図表、地図、写真やイラスト、索引など。単に本文だけを読んでいては、理解できないことが一因となっています。

教師は言葉で説明し、黒板に大事なところを書き出せば、生徒たちは理解してくれると楽観的に思っても、理解からはほど遠い場合も少なくありません。生徒たちは、教師が言わんとすることの多くには興味関心がもてませんから、我慢してお付き合いしているだけです。結構多くの生徒が真剣に教師の言うことを聞いていない可能性すらあるのです。説明文の文章の理解の仕方をしっかり教えられなかったり、精通していなかったりという問題を抱えたままの状態の子たちも少なくありません。

そこで、教科書のビッグ・ブックがあればいいのですが、残念ながらありません。その代わり、ＯＨＣに映し出して（今は、電子教科書を出している出版社もありますか？[21]）、全員がそれを見ながら「いっしょ読み」をしていくのです。

七 いっしょ読み聞かせ

レジー・ラウトマンは、小学二年生の後半から高校生まで使える「いっしょ読み」のバリエーションとして、「いっしょ読み聞かせ」も紹介してくれています[22]。

いっしょ読み聞かせは、①通常の読み聞かせと、②対話読み聞かせと、③いっしょ読みの三つを統合した形で行われるものです。対話読み聞かせの中には考え聞かせも含まれますから、本書で紹介してきた第一章～第四章のすべての目的と効果を得られる方法と言えます。

具体的には、各人が見られるテキストを使って、教師は読み聞かせと、対話読み聞かせといっしょ読み、およびペアないし小グループでの話し合いを行います。長いテキストを扱う時に特に優れています。クラスメイトとのやり取りが、子どもたちを熱中させ、理解の向上をもたらします。

いっしょ読み聞かせでは、以下のようなことを教えることができます。

①スラスラ読む
②作家の技
③頻繁に登場する言葉を理解する
④登場人物の動機、行動、変化
⑤確認／修正
⑥ノンフィクションの読み方
⑦文章の構造
⑧句読点の役割
⑨イラストを使って言葉や文章を理解する
⑩物語の流れを活用して文章を理解する
⑪予想する
⑫要約する
⑬質問する
⑭つながりを見つける
⑮行間を読む
⑯新しいことを学ぶ
⑰読むことを楽しむ

このリストからも分かるように、「いっしょ読み聞かせ」は、あらゆるジャンルを扱うことができ、読むのに必要なほとんどすべてのことを教えられるとてもいい方法です。さらにいいのは、素早くできるので時間的にも効果的です。

教師は、読み聞かせをし、考え聞かせもしながら、生徒たちよりも数歩前を行く読み手として、扱う教材を理解するのに必要な技を教えるのです。生徒たちは、読むことや話し合うことに主体的に参加することで、よりよい理解を得ることができます。つまり、単に書いてあることを一緒に読んでいるのではなく、意図をもって教え、しっかり話し合いを行うのです。

中・高では、テキストを全員が手にもっている状況で、教師か生徒の誰かが読む状況をよく見かけます。単に読む代わりに「いっしょ読み聞かせ」をすれば、前記のリストに含まれているようなたくさんのことが収穫として得られるのです。そして、それらを教え、生徒たちが身につけることは、自立した読み手を育てるには欠かせないことです。

また、いっしょ読み聞かせを事前にしておくと、この後でする可能性が高い「ガイド読み」やブッククラブがやりやすくもなります。それは、すでにかなりの部分をこの「いっしょ読み聞かせ」でやっているからです。

「いっしょ読み聞かせ」は、子どもたちに読んでいるものについて話し合うチャンスを提供します。読んでいるものについて話し合うことは楽しいだけでなく、理解の広がりや深さをもたらしてくれます。クラスメイトとの話し合いが、理解と成績の向上につながるのです。

八　いっしょ読み聞かせの教師と生徒の役割

レジー・ラウトマンは、いっしょ読み聞かせをする際の教師と生徒の役割も明確に示してくれていますので、紹介します[23]。

①　教師がすること

①生徒たちが熱中できるいい本／テキストを選出する。
②強調すべき箇所と、読むのを止めて話し合う箇所を事前に決める。
③魅力的な本／テキストの紹介を提供する。
④表現豊かに読み聞かせをする。
⑤話し合いを促すためのいい問いかけをする。
⑥生徒たちが積極的に話し合えるようにサポートする。
⑦理解のための方法を、考え聞かせを使って見本として示す。

⑧生徒たちの様子や反応をよく観察して、常にベストの選択をしながら進行する。

②　生徒がすること

①本／テキストを、教師といっしょに声を出して読むか、黙読する。
②小グループ（ペアか三人組）での話し合いに積極的に参加する。[24]
③教師だけでなく、他の生徒たちが言うこともよく聴く。
④聞くだけでなく、テキストや物語の中に書いてあることをよく考える。
⑤さらに自分の考えを発表する。[24]

③　いっしょ読み聞かせの具体的な進め方[25]

1　生徒たちに内容を予想させることなども含めて、本ないしテキストを紹介する。
2　カギとなる言葉や概念（コンセプト、テーマ）は最初のうちに説明し、その後も繰り返し触れる。

3　最初の数ページ（段落）は、生徒たちが内容を理解できるように読み聞かせをする。
4　予め用意しておいた何ページかでは、スクリーンに見えるようにするか、各自にコピーを配っておく形で、いっしょ読みをする。
5　個別で、あるいはペアで特定の文章や段落やページを読んで／読み直して、
・〇〇を探し出す。
・このページで最も重要な文章を選び出す。
・◇◇を表す最も適切な言葉を探し出す。
6　次のような点についてペアないし三人で話し合う。
・自分たちが気づいたこと
・不思議だと思ったこと
・予想したこと
・つながりを見出したこと
・現時点で考えたこと／思ったこと
などフィクション、ノンフィクション用の質問を事前に用意しておく。

九　いっしょ読み聞かせをした後の振り返りのポイント

レジー・ラウトマンは、振り返りをする際のいい問いかけも用意してくれています[26]。これらは、いっしょ読み聞かせをした後だけでなく、本書で紹介してきたすべての方法を実践した後でも同じように問いかけて、自分の実践をさらによくするために活かすべき問いかけです。

・私はいったい何を教えたのか？
・次のステップは何か？　私は何に焦点を当てるべきか？
・子どもたちについて私は何を学べたか？
・どのようにしたらもっと効率的に運べたか？
・子どもたちは何を理解できていて、何は理解できていないか？
・私は何を見本で示す必要があるか？

ビデオ

PRIMARY SHARED READING

Key Links Shared Reading

Shared Reading Day 1 Kindergarten

Chicka, Chicka, Boom, Boom: Shared Reading in Kindergarten

注

(1) Regie Routman, Reading Essentials、一三〇ページ。この最後の読む力の向上に関して最も引用されることが多い文献は、Graver J. Whitehurst and Christopher J. Lonigan, Child Development and Emergent Literacy, in *Child Development*, Volume 69, Issue 3, June 1998, Pages 848-872です。

(2) さらに言えば、耳を使う部分（読み聞かせ）と、目を使う部分の両方で本に迫るアプローチであり、いい本が生み出す感情面と意味をつくり出す（自分自身で、そして話し合いを通じて）知的な面を統合する形のアプローチです。極めて豊かに読みに誘い込むアプローチです。

子どもにとっては、自分はどんなふうに読めばいいのかのイメージがつけられます。自分が声に出さないで聞いているだけの読み聞かせや考え聞かせでは、これは難しいです。

なお、留意点としては、(a)全員が、読んでいる文章が見えることが欠かせません。読み聞かせや考え聞かせでは、教師がすべて話して聞かせますから、見える必要はありません。(b)教師が気に入っているテキスト（本や文章）しか原則的に使いません。これは、聞き手全員が熱心に取り組めるかどうかを大きく左右します。教師の好きな度合いが伝染しますから。(c)聞き手には考える時間を提供します。そして、(d)どれだけ教師が教えるか、聞き手たちに主体的にトライさせるかのバランスはとても重要であると同時に、難しい判断を迫られます。いい塩梅を見つけ出し続けてください。

(3) この読み方は日本の教育現場でまったくと言っていいほど、知られていません。従って、興味のある方は、Don Holdaway 著の『The Foundations of Literacy（読み書きの基盤）未邦訳』に直接当たるしか選択肢がありません。

(4) Regie Routman, INVITATIONS、三三ページ。

(5) 一人の協力者からのコメント。「ビッグ・ブック」が『いっしょ読み』のための媒体だとは驚きです。この事実を日本の読み聞かせ関係者は知らないと思います。でも、この『いっしょ読み』を中学校や高校で行う場合、今ならば本をPDFに加工し、コンピュータを使ってプロジェクターに映し出しながら行う、という形が可能です。ビッグ・ブックよりも手軽に実現できそうです。」

もう一人からは、「学校でよく使われる言葉に〝範読〟というものがあります。それは、教師が教科書を声に出して読むことです。その時、子どもたちは文章を目で追います。絵だけでなく、文字も一緒に見せてしまうということですね！　ここまで読むと『いっしょ読み』とは何かがよく分かりました。」

(6)　出典は、Regie Routman, CONVERSATIONS、三四ページをベースにしながら、Fountas & Pinnell, Teaching for Comprehending and Fluency の三一〇～三一一ページを追加しました。

(7)　具体的な問題解決の方法は、一五七～一六〇ページの事例2で紹介します。

(8)　必ずしも声を出して読まなければいけないという圧力もない。頭の中だけで一緒に読んだり、口の中で読んだり、教師と一緒に声に出して読んだりしてよい。温かく、間違いも含めて受け入れられる雰囲気がある。中には、似ているけど正しくないものも含まれるが、それも含めて受け入れられる。書く時に、invented spelling（自己流の綴り）が許されるように、読む時も最初は間違って当たり前＝最初から正しくできる方がおかしいという発想のもとに行われる。

(9)　言い方を換えると、読む際に必要なさまざまな問題解決の方法を教えていくということ。最初に読む時は、子どもたちが物語全体を理解できるように最後まで通して読むが、二回目以降は、目的に応じて、部分的に読む（教えることに焦点を当てる）のでも構わない。

(10)　ガイド読みについては、『リーディング・ワークショップ』の第八章と、『読書家の時間』の第六章を参照ください。

(11) 「WW/RW便り」のサイトで、左上の検索欄に「メンター・テキスト」を入力して検索すると、たくさんの情報が入手できます。

(12) Regie Routman, CONVERSATIONS、三五～三一八ページ

(13) 本の選択については、Fountas & Pinnell, Teaching for Comprehending and Fluency、三一一ページも参考にしています。

(14) 一〇五ページを参照ください。

(15) 作家の技は、読者を作品に引き込み、最後まで読ませるための様々なテクニックのことを指します。たとえば、テーマ設定（書く題材や動機）、タイトルのつけ方、書き出し、場面の設定、登場人物のキャラクターのつくり方、伏線の張り方、思わぬストーリー展開、書き終わり、言葉の選び方などです。（以上は、主にフィクションに関連したものを挙げましたが、ノンフィクション・ライター、ジャーナリスト、詩人なども似たテクニックを駆使して書いています。）

(16) カンファランスは、リーディング・ワークショップおよびライティング・ワークショップにおける中心的な教え方で、子どもたちが個別に読んでいたり、書いたりしている時に教師が個別に相談に乗り、アドバイスをするアプローチのことです。これは、従来の作文指導が書いた後にいくら教師が添削をして子どもたちに返してもいっこうに書くことが上達しないという反省から生まれた方法です。（添削では、あまりに多くのことを、子どもがそれを求めているか否かに関係なく、指摘しすぎます。要するに、子どもの許容範囲を超えて指摘しすぎているのです。また、教師の添削が戻されても、それを踏まえた修正原稿を提出できるような仕組みにも

なっていません。）子どもが書いている時に、ピンポイントで子どもが最も必要としていることを把握したうえで、それ（一つか二つ）を的確に教えることが、子どもの書き方を向上し、しかも書くことを好きになってもらう最上の方法ということで実践されています。それがあまりに効果的だということで、読みにも応用されて、リーディング・ワークショップが生まれ、そしていっしょ読みなどの際も実践されているわけです。

(17) 以下の投げかけは実際に読んでからの方がいいと思いますが、「『てん』には実は続編があります。それも二冊も。（似た作品も含めるともっとある、と言えるかもしれません！）二冊目は『てん』で真っすぐな線が描けなかったラモンが主人公の『っぽい』で、三冊目はラモンの妹のマリソルが主人公の『そらのいろって』です。図書コーナーに入っているから、読んでみてね」と付け加えることも可能です。

(18) Jan Burkins and Kim Yaris, Who's Doing the Work? How to Say Less So Readers Can Do More, from Stenhouse（2016）の六九ページを参照に作成しました。

協力者の一人が、以下のような提案をしてくれました。「この後に、もっと面白いいっしょ読みの場面がありそうです。たとえば、『おいはぎのところ』や『豚のお面をつけるところ』など、内容が詰まっているように感じました。」

(19) Regie Routman, INVITATIONS、三五ページ。

(20) 従来の読み聞かせも、希望的には子どもたち全員がテキストやイラストに熱中して取り組んでもらいたいのですが、それを可能にする方法が、読み手の巧みさしかないのに対して、いっしょ読みや対話読み聞かせは、その方法が増えるので、可能性が高まるという利点があるわけです。さらに、飽きやすい子はできるだけ読み手に近い一番前の席に座ってもらうなどの工夫も必要でしょう。

(21) 協力者からの情報として「小学校の教科書は、電子版がかなり充実してきました。高校では、教科書会社が教科書本文のPDFファイルを教師用資料につけてくれる場合が多くなりました。これらを活用できそうです。現在は、何に使ったらよいか分からないでしょうが、この『いっしょ読み』を紹介することで使用方法が広がりそうです。」

(22) Regie Routman, Reading Essentials、一三三〜一四九ページ。

(23) 同右 一三四〜一三五ページ。

(24) 一回あたりの話し合いは、一〜二分。しかし、この練習を繰り返すことで、七八ページの表に示したようなブッククラブ等での話し合いがうまくできるようになります。さらに、少人数で話し合いを頻繁に行うので、クラス全体に発表する時も、あまり抵抗感がなく話せるようにもなる練習をしていることになります。

(25) Regie Routman, Reading Essentials、一三六ページ。

(26) 同右 一四九ページ。

あとがきにかえて
～本書が生まれる経緯と構想～

本書が生まれた経緯を説明します。

それは、日本における「読み聞かせ」の捉え方およびそれに基づいた実践に疑問をもち(1)、「読み聞かせ」の捉え方を押し広げたいと思っていた三人が集まって関連する本を読み始めたのがきっかけです(2)。

読んだ本は、①『Read Aloud Magic（読み聞かせはマジック）』と、②効果的とは言えず、ほとんど習慣的に行われているとしか言えない「リレー読み」を否定し、それに代わる二五もの効果的な方法を紹介してくれている『Good-bye Round Robin（さようなら、リレー読み！）』、③『Reading Essentials（読み方指導の本質）』の三冊でした。

①は、すぐに「これは訳して、日本で読み聞かせに関心をもっている人たちに紹介しよう」ということになりました。理由は、日本で読み聞かせとして行われているものに、より幅をもたせ、読む力をつけるのに効果的だからです。何よりも、三五ページという簡潔さもいいと思いました。

②は、今でも日本の学校で広範に行われている「リレー読み」を批判している理論的な部分はとても賛成できるのですが、紹介されている二五の方法はすべてがいいわけではなく、紹介に値するのは一〇前後ではないか、と話し合われました。しかも、各方法で使われている本のほとんどが翻訳されていないので、本を探すのが大変だし、方法も翻案することが求められるということになりました。

③は、内容的にルーシー・カルキンズ著の『リーディング・ワークショップ』およびそれの日本での実践版である『読書家の時間』（プロジェクト・ワークショップ編）とオーバーラップする部分が多いことや、本の中心的な位置づけになっている Optimal Learning Model（最適学習モデル）が、一八一ページの図1で紹介する「責任の移行」モデルとほぼ同じであり、一般的に普及しているのは後者であることや、また、この著者の最新の本が出るのを待ってから判断しようということになりました(3)。

そこで、早速『Read Aloud Magic（読み聞かせはマジック）』を翻訳するために動き出しました。一つは、企画書をつくって、日本での出版社を探すこと。もう一つは、著者に翻訳のオーケーをもらうことです。しかしこの本は、アマゾンのキンドル版でしか入手できない本です。従って、紙媒体が存在しません。しかも、著者＝出版社と翻訳を了解してもらうためにコンタクトをとり始めましたが、返事をもらうまでに半年以上もかかり、結果的に紙媒体の本には興味がないのか、それとも（ドナルド・トランプ氏のように？）英語で出ていれば、それで十分と思っているのか、翻訳許可はもらえませんでした。

その結果を受けて、それならこの本を土台にして自分たちで書いてしまおう、という話になったのです。主な章の柱だけは原著に寄りながら、オリジナルな原稿や他の参考文献や資料を使いながら、様々な実践例も紹介しつつまとめる計画を立てました。

しかし、その後、執筆スケジュールがうまく噛み合わず、結果的に私が一人で書くことになりました。

私が『Read Aloud Magic（読み聞かせはマジック）』に出会う前にすでに紹介していたのは、「責任の移行」モデルとそれに対応する多様なサポートの仕方でした（一八一ページの図1と図2を参照）。

自立した読み手を育てることが目的ならば、単に読み聞かせをしていればいいということではなく、ここまで視野を広げて実践しないと実現しないのです。しかも、ペア読書やブッククラブやブック・プロジェクトは、日本でも小学一年生でも十分にできることが証

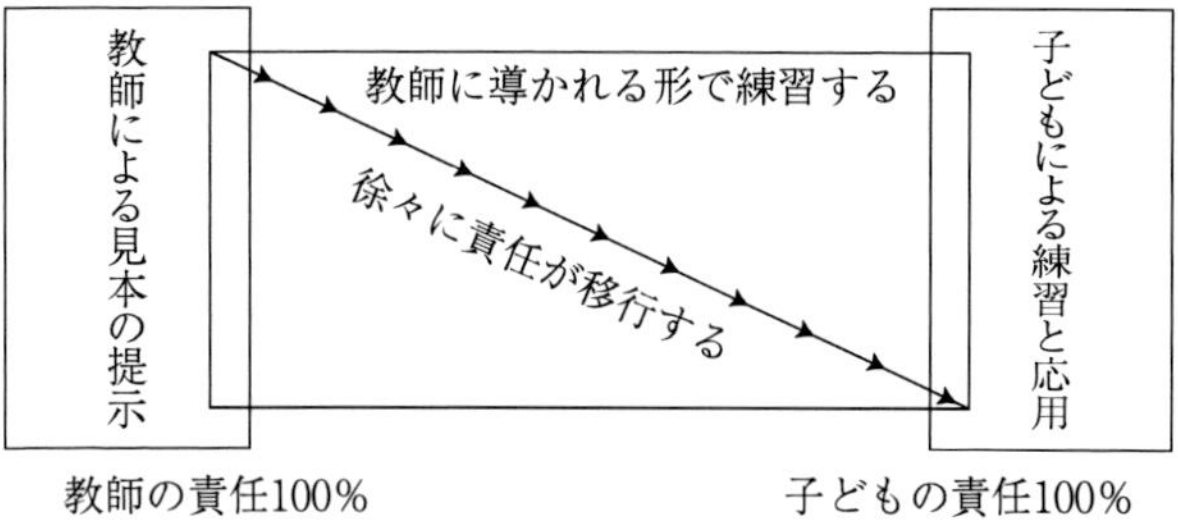

図1 「責任の移行」モデル

（出典：オリジナルは、The Instruction of Reading Comprehension, *Contemporary Educational Psychology*, Pearson, D. & Gallagher, M. 8 (1983), pp.317-344、『増補版「読む力」はこうしてつける』の83ページで引用）

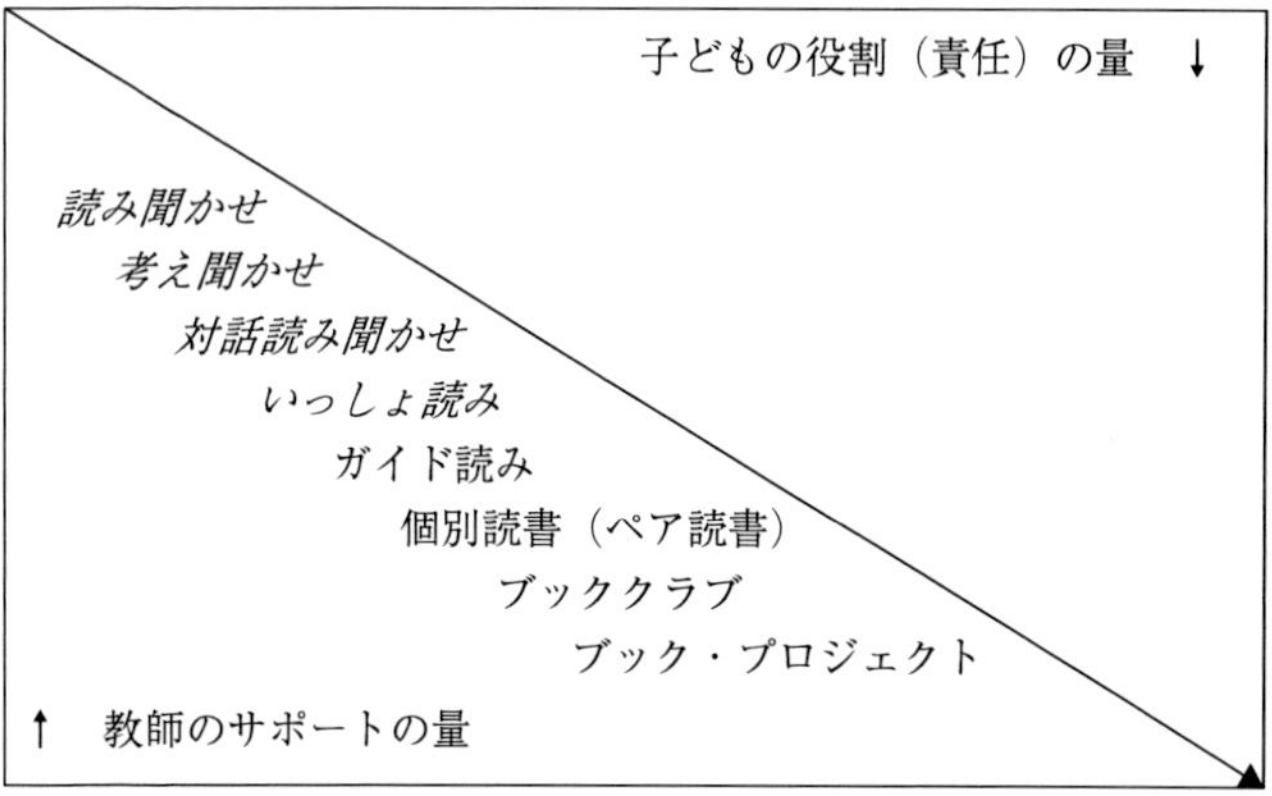

図2 「責任の移行」モデルにマッチする多様な教え方・学び方

（出典：Comprehension Through Conversation, Maria Nichols、53ページを参考に吉田が作成。斜体は、本書で対象とする教え方・学び方）

表1　読み方を学ぶ多様な方法

対象	幼稚園児〜小学２年生	３年生〜中学３年生
クラス全体	対話読み聞かせ いっしょ読み 詩の共有 リーダーズ・シアター★2 語り 言葉の学習 ミニ・レッスン★1	対話読み聞かせ 詩のミニ・レッスン★1 詩の共有 リーダーズ・シアター★2 プロセス・ドラマ★3 言葉の学習 ミニ・レッスン★1
小グループ	ガイド読み★4 ブッククラブ★5	ガイド読み★4 ブッククラブ★5
個別	個別読書 ペア読書 教師とのカンファランス★6	個別読書 教師とのカンファランス★6

（出典：*Teaching Comprehending and Fluency: Thinking, Talking, and Writing About Reading, K-8,* Irene Fountas & Gay Pinnellの xxxv ページ）

★1　ミニ・レッスンは、教師による焦点を絞った指導のことで、５分から最長でも15分で行います。より大切なことは（＝より多くの時間を割くべきは）、教師が指導することではなく、子どもたちが読んだり、読んだことを基に話したりすることだからです。詳しくは、『リーディング・ワークショップ』の第５章および『「学びの責任」は誰にあるのか』の第２章を参照ください。

★2　朗読劇と訳される、テキストを見ながら演じる劇のことです。

★3　観客を対象にしたドラマではなく、演じ手が演じる過程で学ぶことを中心に据えたドラマ教育の一つの手法です。

★4　同じ課題やニーズをもった子どもたち数人を集めて、教師がリードしながら集中して指導する教え方です。他の子どもたちは、個別、ペア、グループで読んでいることが条件となります。詳しくは、『リーディング・ワークショップ』の第８章および『「学びの責任」は誰にあるのか』の第３章を参照ください。

★5　３〜５人の子どもたちが、１冊の本を読んで話し合う活動です。教師が読み聞かせれば幼稚園児でもできます。詳しくは、『読書がさらに楽しくなるブッククラブ』を参照ください。

★6　子どもが読んで（書いて）いる最中に、教師が子どもにとって最も必要性の高いことを把握して、ピンポイントで指導するリーディング・ワークショップ（およびライティング・ワークショップ）で中心をなす教え方です。これは、テストをしたり、作文等を書かせたりした後にいくら指導しても時すでに遅しで、子どもが読んでいる／書いている最中に必要な修正をしない限りは、子どもは変えない／変えられないということが分かっているので導入された方法です。詳しくは、『リーディング・ワークショップ』の第６章および『読書家の時間』の第４章を参照ください。

明されています（『読書家の時間』や『読書がさらに楽しくなるブッククラブ』を参照）。

また、『「読む力」はこうしてつける』を書く過程で読んでいた、アイリーン・ファウンタスとゲイ・ピネルの『Teaching Comprehending and Fluency: Thinking, Talking, and Writing About Reading, K-8（スラスラ読めて理解できるように教える）』（なんとA4サイズの六〇〇ページを超える大部の本！）の中に、前ページの表がありました。

この表には、単なる読み聞かせは含まれていません。そして、この本では「いっしょ読み」は低学年向きの方法とされています。

しかし、何よりも注目していただきたいのは、読み方を上達するには対象に応じて、多様な方法と形態を使うことが求められていることです。

もう一つ紹介するのは、読む指導で革新的なものがたくさん開発されたニュージーランドの元小学校の先生で読むことの指導についての著書が多いマーガレット・ムーニーが一九九〇年に出している『Reading to, with and by Children（子どもに、と、が読む）』です。

子どもに読む、子どもと読む、子どもが読むは、親や教師や指導者のかかわり方の段階を表しています。こういうことをあまり意識することなくかかわり続けているのが日本の教育の現状と言えるかもしれません。

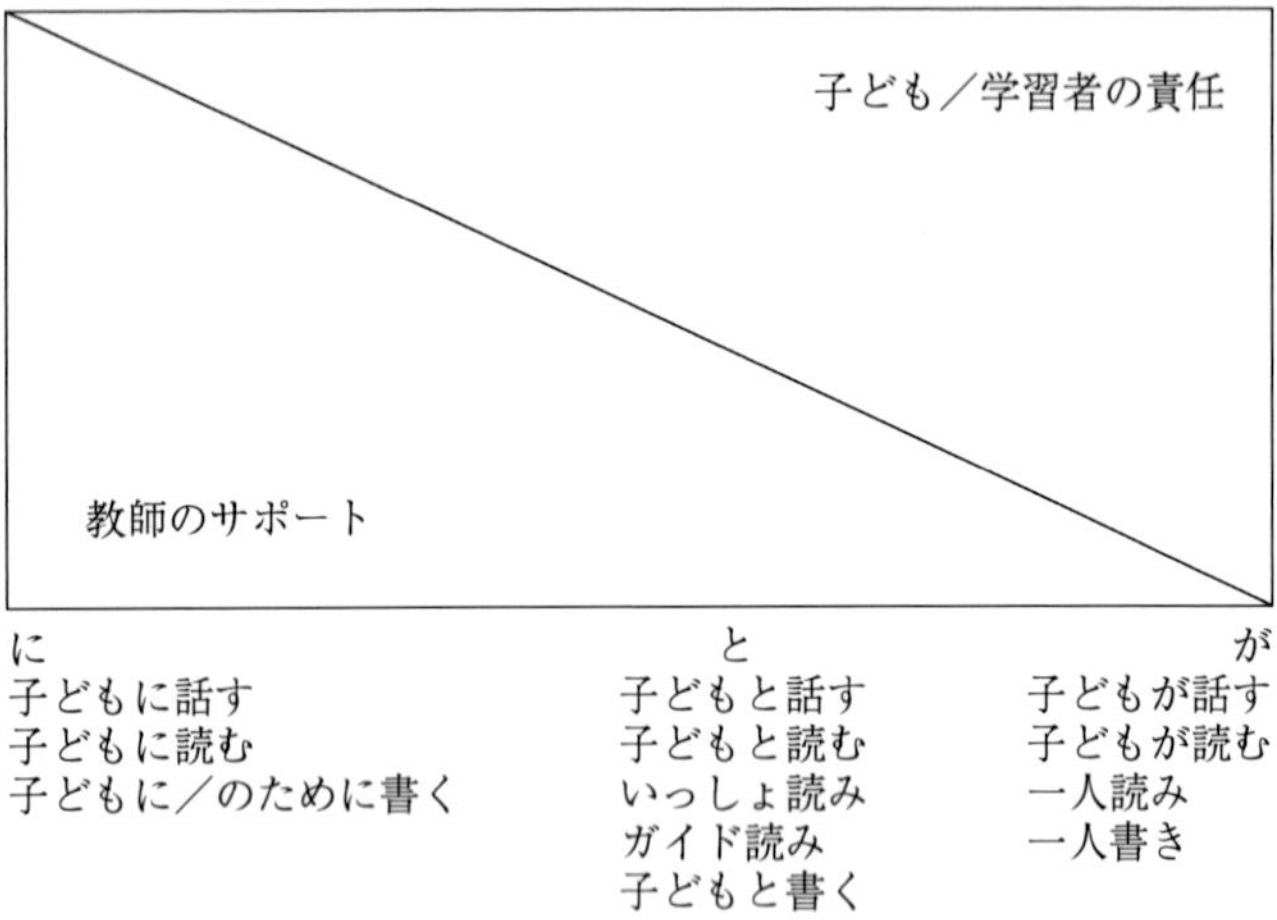

図３　教師から子どもへの責任の移行

（出典：*Reading to, with and by Children*, Margaret Mooney の12ページ）

その段階を表で示すと上の図のようになります。

一番左側の「子どもに読む」場合は、読み聞かせと考え聞かせが効果的です。真ん中の「子どもと読む」場合にはここには書かれていない対話読み聞かせや考え聞かせと、いっしょ読みが効果的です。一番右側の「子どもが読む」場合は、カンファランスないしコーチングという接し方になります（『リーディング・ワークショップ』を参照）。日本で横行している一斉指導の出る幕はほとんど（まったく？）ありません。

さらに、本書を書き始める前に、前

述の「責任の移行」モデルを読むこと以外に応用した本の翻訳出版企画も通りました。その本は、『「学びの責任」は誰にあるのか』（ダグラス・フィッシャー他著、新評論、二〇一七年一一月）として出版されました。その中で紹介されている教師から生徒への責任の移行の四つの段階は、次の通りです。

① 教師が焦点を絞った講義をしたり、見本を示したりする（**焦点を絞った指導**）
② 教師がサポートしながら生徒たちは練習する（**教師がガイドする指導**）
③ 生徒たちが協力しながら問題解決や話し合いをする（**協働学習**）
④ 生徒は個別に自分が分かっていることやできることを示す（**個別学習**）

特に聞きなれない言葉は、二番目の「**教師がガイドする指導**」だと思いますが、これは、教師がガイド役を務めながらニーズや課題を同じくする少人数の子どもたちを集めて行う「ガイド読み（guided reading）」という教え方に由来しています。それがあまりにも効果的だったので、「ガイド書き」も行われるようになり、さらには他の教科でも使われるようになっています。

なお、注意していただきたいのは、これらは①から④と順番に行うのでも、常にクラス全員を対象にして、同じ段階の活動をさせるのでもありません。たとえば、二番目の「**教**

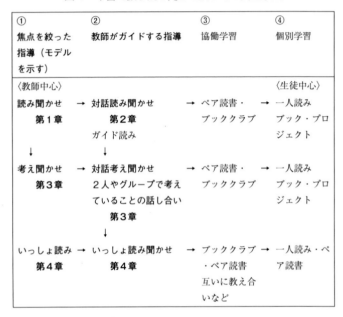

図４　本書で扱う読み聞かせ及びその関連手法

①	②	③	④
焦点を絞った指導（モデルを示す）	教師がガイドする指導	協働学習	個別学習
〈教師中心〉			〈生徒中心〉
読み聞かせ → 第１章	対話読み聞かせ → 第２章 ガイド読み	ペア読書・ブッククラブ →	一人読み ブック・プロジェクト
↓	↓		
考え聞かせ → 第３章	対話考え聞かせ → ２人やグループで考えていることの話し合い 第３章	ペア読書・ブッククラブ →	一人読み ブック・プロジェクト
	↓		
いっしょ読み → 第４章	いっしょ読み聞かせ → 第４章	ブッククラブ・ペア読書 互いに教え合いなど →	一人読み・ペア読書

師がガイドする指導」をするためには、「**①焦点を絞った指導**」が終わっていることが前提となります。と同時に、クラスの大半の生徒が「**③協働学習**」か「**④個別学習**」に取り組んでいることも前提となります。そうでないと、教師は少人数（二〜六人）の生徒たちを集めて、一〇〜一五分の「**教師がガイドする指導**」を行うことはできません。

　本書で扱う読み聞かせ及びそのバリエーションを、この責任の移行の四段階を使って表すと、前ページの図のようになります。①と②のゴシック体の部分（左半分）が対象で、③と④の方法については、すでに、『リーディング・ワークショップ』、『読書家の時間』、『読書がさらに楽しくなるブッククラブ』、『「学びの責任」は誰にあるのか』で紹介済みなので、本書では扱っていません。ポイントは、教師や指導者や親の読み聞かせは、あくまでもスタートラインに過ぎない、そこにとどまると、生徒／子どもたちの成長を阻むことにすらなりかねない、ということです。つまり、すべては一番右側に向けての努力だということです。そして、いくつかの異なる方法（選択肢）があった方が、より効果的にもなります。一つの方法ですべてを成し遂げることは不可能ですから。

以上のような情報も踏まえつつ、

・「読み聞かせ」をグレードアップする方法（第一章）
・読み手と聞き手が双方向の話し合いをしながら読み進める「対話読み聞かせ」（第二章）
・読み手の頭の中で起こっていることを声に出して紹介する「考え聞かせ」（第三章）
・読み手と聞き手が一緒に読む「いっしょ読み」（第四章）

を本書では紹介しました。

なお、オリジナルの『Read Aloud Magic』で大切にされていた、絵本や物語以外の多様なジャンルを扱うことと、通常の読み聞かせの対象と思われている小学校低学年以上の年齢層へのアプローチの仕方については各章で言及しました。

なお、執筆に当たっては、オリジナルの『Read Aloud Magic』は一切参考にしませんでした。それ以外のいい文献やネットで入手できる資料があまりにもたくさんあるからです。

その中には、書き終わってから見つけた次のようなものも含まれています。「読み聞かせは、読むプログラムとは言えない。それは、読むプログラムの一部でしかない(4)。」

この言葉を見た時は、まったくその通りだ、と思ってしまいました。読み聞かせのインパクトは確かに大きいものがあるのですが、それだけではあくまでもイベントであり、「自立した読み手」を育てることにはつながりません。同じことは、学校図書館や公立図書館で定番のメニューになっている、ストーリーテリング、ブックトーク、アニマシオン、(最近では)ビブリオバトルなどにも言えてしまいます。そして、多くの学校が取り組んでいる「朝の読書の時間」や「図書の時間」にも。一つひとつをプログラムの一部として捉え、そして取り組まない限りは、すでに読めたり、読むのが好きだったりする子たちにとってはさらに伸びるチャンスを提供するかもしれませんが、そうではない多くの子どもたちにとっては単なる教師にお付き合いする時間に毛の生えたレベルが続いてしまいます。

自立した読み手／考え手を育てることが目的なら、読み聞かせをし続けるだけでは残念ながら、そうはなりません。読み聞かせをする人こそが、一番学んでおり、聞く者には、単にそのおすそ分けを提供しているだけの状態が続いてしまうからです。

そうなると、子どもたちにこそ読み聞かせをしてもらわないとまずい、ということを踏まえて読み聞かせに臨むことが大切になるかもしれません。なぜならば、選書（ピッタリの本を選ぶところ）から始まって、読み方等をすべて事前に準備して、対象に楽しんでもらうということをする（つまり、読み聞かせの中に自立した読み手のすべてが凝縮している！）のですから、それができるようになること自体が、自立した読み手の証しと言えます。それを、読み聞かせをする者がやり続けるということは、偉大なチャンスを読み手たちから奪い去り続けることになりかねません。（その意味では、読み聞かせをする人は、自立した読み手の見本を見せているという意識をしっかりもつべきかもしれません。）そのためには、しっかり「責任の移行」モデルを理解していることが大切になります。

自立した読み手や書き手を育てることが目的ならば、もう一冊、本書と同じ時期に出版される本があります。それは、『言葉を選ぶ、授業が変わる！』（ピーター・ジョンストン著、ミネルヴァ書房）です。この本を通して、子どもたちにどのように接して、どのような言葉を選んで話すのがいいのかが見えてきます。

最後に、粗訳の段階で目を通し、フィードバックをしてくれた大澤倫子さん、小鴨文さん、都丸陽一さん[5]、冨田明広さん、峰本義明さん、今回私のはじめての明治図書出版からの本を出すのを助けてくれた石川晋さんと及川誠さんはじめ関係者のみなさん、そして本書を読んでくださるあなたに、心からの感謝を。

二〇一八年二月　吉田新一郎

注

(1) 疑問をもっているのは本書のテーマである「読み聞かせ」だけでなく、①読解（国語）教育と読書教育が分かれていること、②教科書中心（のみ!?）で行われる国語の授業、③朝の読書の行われ方、④読書感想文とセットになっている夏休みの読書指導など、他にもたくさんあります。いずれも、子どもたちが読むことを好きになり、かつ読む力をつけるために寄与しているとは言い難いものです。言い方を換えると、自立した読み手になるのを助けていないと思われるものです。

(2) 新潟二人と東京一人なので、会っての読み会ではなくて、メールでの読み会でした。やり方に興味のある方は、『読書がさらに楽しくなるブッククラブ』を参照してください。筆者は、この方法があまりにも効果的なので、依頼された研修とは常にセットで行っています。それなりにインパクトのあった研修とその後のフォローアップとしてメールによるブッククラブをすると、理解が深まったり広がったり、さらには実践につながる可能性が数段高まるからです。（それに対して研修だけだと、それがたとえどんなにインパクトのあるものでも、「その場限りにならざるを得ない」部分が多分にあります。）

また、日本語で入手できるもので、私たちの刺激になる内容のものは少ないので、英文の本にならざるを得ません。この分野の研究者や実践者にはぜひより一層研鑽をして、刺激的な本を出していただきたいです。

http://wwletter.blogspot.jp/search?q=100%E5%AF%BE

(3) Regie Routmanは、一九八〇年代の後半から読み・書きに関する好著を数多く出してきています。最新の本のタイトルはLiteracy Essentialsで二〇一八年の年初に出版されました。執筆と一週間単位で学校に滞在する形の研修（テーマは読み・書きの教え方）を、教師対象に行っているのが主な仕事の人です。

http://projectbetterschool.blogspot.jp/2016/05/blog-post_8.html

『Reading Essentials（読み方指導の本質）』のダイジェスト版は、

http://wwletter.blogspot.jp/search?q=routman　で読むことができます。

(4) 出典：Meyer, Stahl, Linn, & Wardrop, 1994, p. 83, in https://files.eric.ed.gov/fulltext/ED491543.pdf

(5) 協力者の都丸さんが、原稿を読んで「読み聞かせのバリエーションで教師が行うこと」という分かりやすい表を作成してくれましたので、一九二～一九三ページに掲載します。とても参考になるので、お役立てください。

エーションで教師が行うこと

考え聞かせ	いっしょ読み
1　選書の基準 *読み聞かせ* + 読み方を教えるのに適した本 本への反応の仕方を教えるのに適した本	**1　選書の基準** *読み聞かせ* + 対話読み聞かせ + 考え聞かせ 読み方を教えるのにくり返し使える本 予想がつきやすい構成の本 短い時間で読める詩、歌詞、子どもたちが書いた作文、新聞記事など クラス全員で同時に読める大型絵本
2　事前の練習・準備 *読み聞かせ* + 話をすらすら読めるようにしておく。 どのページでどんなことを話すか（どんなモデルを示すか)、予め考えておく。	**2　事前の練習・準備** *読み聞かせ* + 対話読み聞かせ + 考え聞かせ 子どもの実態に合わせた読み方を考えておく。
3　本の紹介・進め方の説明 *読み聞かせ* + 教師が読みながら頭の中でどんなことを考えて読んでいるかも、読み聞かせと並行して紹介しながら進めていくことを説明する。	**3　本の紹介** *読み聞かせ* + 対話読み聞かせ + 考え聞かせ 教師が声に出して読んでいるときに、希望者はいっしょに読んでもよいことを説明する。 読み始める前に、読みの視点を示しておく。(内容の予想、気に入った場面、物語の流れ、登場人物の変化、疑問に思ったことなどについて)
4　読む・読み方のモデルを示す *読み聞かせ* + 教師は聞き手の反応を見ながら読む。年度初めは、教師が読み、読みながら頭に浮かんだことを話すことが中心。本の内容に読み手がどのように反応しているかモデルを示すようにする。子どもたちが考え聞かせを行う機会を徐々に増やしていき、教師が行っていることを子どもたちができるようにしていく。	**4　読む・読み方のモデルを示す・話し合う** *読み聞かせ* + 対話読み聞かせ + 考え聞かせ 子どもたちが文字とイラストの両方が見える状態で教師が読む。子どもたちの実態に合わせて単語、文節、文などの単位で区切って読む。読みながら質問し合ったり、互いの解釈や理解を共有したりする。
	5　大切なことを教える 文章の特定の場所に戻り、自立した読み手になるために大切なことを教える（再確認する)。「理解するための方法」の定着を図る。

（作成：都丸陽一、2017年９月３日）

表2 「読み聞かせ」のバリ

読み聞かせ	対話読み聞かせ
1 選書の基準 自分がおもしろいと思う本 子どもたちに合っていると思う本 子どもたちの興味・関心を広げる本 子どもたちが身近に感じる本	**1 選書の基準** *読み聞かせ* + 読み方を教えるのに適した本 本への反応の仕方を教えるのに適した本
2 事前の練習 話の流れを確認する。 実際に声に出して読み、読みにくいところを確認する。はっきりと聞き取りやすい速さで読む。ページのめくり方、間のとり方などを確認する。	**2 事前の練習・準備** *読み聞かせ* + 話をすらすら読めるようにしておく。 どのページでどんなことを教えるか、どこで話し合ってもらうかなど予め考えておく。
3 本の紹介 子どもたちを集め、静かに話を聞く雰囲気をつくった後、題名、作者、これから読む本についての情報、選書の理由などを簡単に伝える。 ※ 本についての情報、選書の理由は省略することもある。	**3 本の紹介・進め方の説明** *読み聞かせ* + 教師が読んでいる途中でも、気になったところがあれば質問したり、自分の考えを伝えたりしてもよいことを確認する。
4 読む 聞き手の反応を見ながら読む。表現豊かに読む。 登場人物の性格や話の展開に合わせて声の大きさや間のとり方を工夫しながら読む。	**4 読む・質問する・話し合う** *読み聞かせ* + 教師は聞き手の反応を見ながら読む。年度初めは、教師が事前に考えておいた質問をしたり、考え聞かせを行ったりする。徐々に子どもからの質問や、本の内容についての子どもの発言の割合を増やしていく。

【参考文献】

・アトウェル、ナンシー著、小坂敦子他訳『イン・ザ・ミドル』三省堂、二〇一八年
・ウィルソン、ジェニ他著、吉田新一郎訳『増補版「考える力」はこうしてつける』新評論、二〇一八年
・Wilhelm, Jeffrey and Otto, Wayne, Improving Comprehension with Think-Aloud Strategies: Modeling What Good Readers Do（考え聞かせで理解力をつける～優れた読者がしている見本を見せる）, Scholastic Professional Books, 2001
・Wilhelm, Jeffrey and Smith, Michael, Reading Don't Fix No Chevys ～ Literacy in the Lives of Young Men, Heinemann, 2002
・Wilhelm, Jeffrey and Smith, Michael, Going with the Flow ～ How to Engage Boys (and Girls) in Their Literacy Learning, Heinemann, 2006
・Opitz, Michael and Rasinski, Timothy, Good-bye Round Robin, Heinemann, 2008
・カルキンズ、ルーシー著、吉田新一郎他訳『リーディング・ワークショップ』新評論、二〇一〇年
・キーン、エリン著、山元隆春他訳『理解するってどういうこと？』新曜社、二〇一四年
・サックスシュタイン、スター著、高瀬裕人他訳『成績をハックする（仮題）』新評論、二〇一八年夏出版予定
・ジョンストン、ピーター著、長田友紀他編訳『言葉を選ぶ、授業が変わる』ミネルヴァ書房、二〇一八年
・タバナー、キャシー他著、吉田新一郎訳『好奇心のパワー』新評論、二〇一七年
・トムリンソン、キャロル著、山崎敬人他訳『ようこそ、一人ひとりをいかす教室へ』北大路書房、二〇一七年

・トムリンソン、キャロル他著、山元隆春他訳『一人ひとりをいかす評価』北大路書房、二〇一八年

・トレリース、ジム著、亀井よし子訳『読み聞かせ　この素晴らしい世界』高文研、一九八七年）筆者が読んだのは、Trelease, Jim, The Read-Aloud Handbook, Penguin Books, 2001

・Nichols, Maria, Comprehension Through Conversation, Heinemann, 2006

・ノーデン-パワーズ、クリスト著、吉田新一郎他訳『エンパワーメントの鍵』実務教育出版、二〇〇〇年

・バトラー、ドロシー著、百々佑利子訳『クシュラの奇跡』のら書店、一九八四年

・Burkins, Jan and Kim Yaris, Who's Doing the Work? How to say less so Readers can do More, Stenhouse, 2016

・ピアス・チャールズ著、門倉正美他訳『探究心を育む（仮題）』新評論、二〇一八年秋出版予定

・フィッシャー、サイモン他著、国際理解教育センター編訳・直販『ワールド・スタディーズ』一九九一年

・フィッシャー、ダグラス他著、吉田新一郎訳『「学びの責任」は誰にあるのか～「責任の移行モデル」で授業が変わる』新評論、二〇一七年

・Fountas, Irene and Pinnell, Gay, Teaching Comprehending and Fluency: Thinking, Talking, and Writing About Reading K-8, Heinemann, 2006

・Fox, Mem, Reading Magic, Harcourt, 2001

・Frase, Lisa, Read Aloud Magic: Intentional Teaching Through Reading Aloud, Effective Teaching Solutions, 2011

・フレッチャー、ラルフ他著、小坂敦子他訳『ライティング・ワークショップ』新評論、二〇〇七年

・プロジェクト・ワークショップ編著『増補版・作家の時間』新評論、二〇一八年夏出版予定
・プロジェクト・ワークショップ編著『読書家の時間』新評論、二〇一四年
・Holdaway, Don, The Foundations of Literacy, Ashton Scholastics, 1979
・松岡享子著『よい語り』東京子ども図書館、二〇〇八年
・メイソン・ジョン他著、吉田新一郎訳『数学的思考を育む（仮題）』新評論、二〇一八年秋出版予定
・Mooney, Margaret, Reading to, with and by Children, Richard C. Owen Publishers, 1990
・Routman, Regie, INVITATIONS, Heinemann, 1991
・Routman, Regie, CONVERSATIONS, Heinemann, 2000
・Routman, Regie, Reading Essentials, Heinemann, 2002
・Routman, Regie, INVITATIONS, Changing as Teachers and Learners K-12, Heinemann, 1994
・吉田新一郎『テストだけでは測れない！』ＮＨＫ生活人新書、二〇〇六年
・吉田新一郎『増補版「読む力」はこうしてつける』新評論、二〇一七年
・吉田新一郎『読書がさらに楽しくなるブッククラブ』新評論、二〇一三年

【絵本】

・『モリス・レスモアとふしぎな空とぶ本』ウィリアム・ジョイス作・絵　おびかゆうこ訳、徳間書店、二〇一二年
・『ひとりひとりのやさしさ』ジャクリーン・ウッドソン文　さくまゆみこ訳、ＢＬ出版、二〇一三年

・『てん』ピーター・レイノルズ作・絵、谷川俊太郎訳、あすなろ書房、二〇〇四年
・『ろばのとしょかん』ジャネット・ウィンター文・絵　福本友美子訳、集英社、二〇一一年

【参考HP】

・「読み聞かせ、２００８年度冬学期『情報化と教育』」
http://www.p.u-tokyo.ac.jp/lab/ichikawa/johoka/2008/Group3/yomikikase_index.html
・「読み聞かせ、ウィキペディア」
https://ja.wikipedia.org/wiki/%E8%AA%AD%E3%81%BF%E8%81%9E%E3%81%8B%E3%81%9B
・「紙芝居、ウィキペディア」
https://ja.wikipedia.org/wiki/%E7%B4%99%E8%8A%9D%E5%B1%85
・絵本の与えかた
https://www.fukuinkan.co.jp/pdf/ataekata.pdf
・ＷＷ／ＲＷ便り
http://wwletter.blogspot.jp/　および　https://www.facebook.com/RWandWW/
・「ＷＷ／ＲＷ便り」のサイトを開いて、左上の検索欄に「routman」を入力して検索
http://wwletter.blogspot.jp/search?q=routman
・教え方のプロによる1週間の訪問指導、ＰＬＣ便り
http://projectbetterschool.blogspot.jp/2016/05/blog-post_8.html

・Kwayaciiwin Interactive Read-Aloud Kits（K-3）
http://www.kwayaciiwin.com/wp-content/uploads/2014/07/Interactive-Read-Aloud-Guide-Final.pdf
・wikiHow, How to Read Aloud
http://www.wikihow.com/Read-Aloud
keenreaders.org 26 tips for reading aloud
https://eflmx.wordpress.com/2011/07/05/26-tips-for-reading-aloud/
・Reading Aloud to Children: Helpful hints
https://www.bankstreet.edu/literacy-guide/sample-tutoring-lessons/reading-aloud-children-helpful-hints/
・Tips on How to Read Aloud, readin.ca（ビデオも見られるサイト）
http://www.readin.ca/tips-on-how-to-read-aloud/
・Fourteen Fantastic Hints on Reading Aloud
http://www.thebookchook.com/2009/03/fourteen-fantastic-hints-on-reading.html
・Interactive Read Aloud/Interactive Reader, Teaching Tolerance
http://www.tolerance.org/sites/default/files/documents/tt_abc_CM3_interactive.pdf
・http://files.eric.ed.gov/fulltext/ED491543.pdf

【著者紹介】
吉田　新一郎（よしだ　しんいちろう）
プロジェクト・ワークショップ事務局
　1985～1994年にファシリテーション型のワークショップを普及する過程で発見したことの一つが、日本の教育は「依存する教え手・学び手」を再生産する仕組みなんだということでした。1995年以降は「自立した読み手と書き手」を含む「自立した学び手・考え手」を育てる方法を探し続けています。その過程で見つけたことを2000年以降いろいろな領域で紹介しています。たとえば、読みの分野では181～184ページの図や表を知っているかいないかで、自分のすることはまったく違ったものになってしまいます。すでに存在するたくさんの価値ある情報を使いこなすことで、よりよい＝より自立する学びの機会を子どもたちに提供していきましょう！
質問・問い合わせは、pro.workshop@gmail.com へお送りください。

読み聞かせは魔法！

2018年３月初版第１刷刊　©著　者　吉　田　新一郎
2018年10月初版第３刷刊　発行者　藤　原　光　政
発行所　明治図書出版株式会社
http://www.meijitosho.co.jp
（企画）及川　誠（校正）広川淳志・関沼幸枝
〒114-0023　東京都北区滝野川7-46-1
振替00160-5-151318　電話03(5907)6704
ご注文窓口　電話03(5907)6668
＊検印省略　組版所　株式会社アイデスク

006-002

Printed in Japan　ISBN978-4-18-115617-6